DE VÍCTIMA A RESILIENTE

La llave que me liberó de mi cárcel para siempre

Copyright © 2025 Débora Reyes

Todos los derechos reservados

Se prohíbe la reproducción de cualquier parte de este libro, o su almacenamiento en ningún sistema electrónico o mecánico. Tampoco puede ser transmitido de ninguna forma, entiéndase electrónica, mecánica, fotocopiada o grabada, sin la autorización expresa de la publicadora / autora.

ISBN: 979-8-218-61810-0

Registro de la Librería del Congreso: 2456036

Todas las referencias bíblicas han sido tomadas de las siguientes versiones:
Nueva Traducción Viviente
Nueva Versión Internacional
Reina Valera 1960

Para contacto o información:
dreyes196877@gmail.com
Facebook: @dreyesautora
Instagram: @dreyesautora

CONTENTS

Title Page
Copyright
Opiniones de mis mentores y amigos   1
DedicatoriA   5
Agradecimientos   6
Introducción   9
LA MALDAD ENCUBIERTA EN EL ESCENARIO ECLESIÁSTICO   12
LA CONSTRUCCIÓN DE MI NIñA INTERIOR   25
MI ESTRENO COMO ADULTA   35
MI VERDADERA HISTORIA DE TERROR   41
  LA VENGANZA   54
ESPEJISMOS EN EL DESIERTO   59
  UN OASIS EN EL DESIERTO   64
TRANSFORMACIÓN EN PROCESO   67
  DE VÍCTIMA A RESILIENTE   75
LA NUEVA DÉBORA   82
Reflexiones   93
EPÍLOGO   100
Glosario   103
Referencias   109

OPINIONES DE MIS MENTORES Y AMIGOS

En este libro Débora Reyes abre su corazón con transparencia y honestidad dando a conocer las experiencias vividas que impactaron su vida desde la niñez hasta su etapa madura. Estas experiencias compartidas en este libro nos llevarán por un camino reflexivo de cómo superar nuestros errores y levantarnos de los golpes más duros de la vida. Su testimonio nos inspira a no rendirnos ante las adversidades vividas, entendiendo que Dios es uno de nuevas oportunidades.

Débora nos revela cómo pudo superar el vivir en un círculo de maltrato, manipulación y menosprecio, infligido por un hombre narcisista, sin temor de Dios. En este escrito podemos ver su liberación y restauración, la cual fue provocada por la mano de Dios. Su historia ayudará a las mujeres que están pasando por la misma experiencia y no tienen el valor, ni los recursos para salir de este círculo vicioso. En adición les ayudará aún a las personas que no han pasado por sus experiencias vividas a enfrentar las adversidades de la vida con gallardía y continuar caminando con esperanza aún en medio del dolor. Este libro será de inspiración para no rendirse, seguir adelante y ser resiliente en medio de la adversidad.

Pastor Iván Irizarry

Pastor de la Iglesia Cristiana El Alfarero
en Hormigueros, Puerto Rico
Cantautor de los éxitos discográficos
"Es un honor" y "Eres grandioso"
Autor de los libros "Identifica la voz de Dios"
y "Discernimiento en la guerra espiritual"

En la sociedad actual, tan distraída y trastornada, necesitamos personas que sepan abrirse camino ante situaciones difíciles y que levanten una voz de alerta en beneficio de aquellos que están en desventaja. Precisamente eso es lo que pretende hacer Débora a través de este libro, el cual es de instrucción, exhortación, consuelo y esperanza. La autora no sólo nos ayuda a identificar el comportamiento de un narcisista, y a entender su mente y sus estrategias. También ella abre su corazón para narrar experiencias dolorosas de maltrato que marcaron su vida y nos comparte cómo pudo romper el ciclo, sanar y reconstruir su vida. Débora inspira al lector a levantarse con valentía y a descansar plenamente en los procesos de Dios sabiendo que su voluntad es buena y perfecta.

Lydia Toro
Esposa del pastor Iván Irizarry
Pastor y Mentor de la autora

Este libro me ha conmovido, ya que no solo habla de una historia de sufrimientos y luchas, sino que también se convierte en un testimonio de resiliencia y empoderamiento. Esta historia comparte la experiencia personal de mi gran amiga a quien admiro y respeto profundamente.

La autora tiene la capacidad de convertir su experiencia de dolor en un mensaje de fortaleza, valentía e inspiración, cuya finalidad es motivar a las mujeres y hombres bajo maltrato a no callar. A través de estas páginas sinceras, la autora logra transmitir de manera genuina y transparente la esperanza que la sostuvo durante su proceso y su capacidad de reconstruirse, poniendo a Dios como centro de su vida.

"De víctima a Resiliente, La llave que me liberó de mi cárcel para siempre" es un llamado a la acción, no solo para quienes han vivido situaciones similares, sino también para la sociedad. Es un libro que nos motiva a no renunciar jamás y que nos recuerda la importancia de la empatía y del apoyo a quienes han vivido la violencia doméstica.

Lic. Ada Ruiz Jiménez
MA en Consejería Profesional

Débora derrama su corazón en sus escritos, rompiendo toda barrera para mostrar su vulnerabilidad, una que ayuda al lector a poder entender su proceso. La autora comparte información valiosa para identificar comportamientos que son alertas de lo que es una conducta de manipulación y control. Ayuda a sus lectores a entender los retos que una víctima puede enfrentar al querer salir de ese ciclo de maltrato emocional, verbal y a veces físico. Gracias Débora por ser vulnerable y mostrar la obra transformadora que Dios puede hacer en nuestras vidas.

Yvonne Olivencia de Arce
Coach y Autora de los libros

"Cuando la contestación a tu Milagro es NO"
y "Coronas Caídas"

Este libro me parece espectacular, extraordinario, un ejemplar que muchos necesitan leer. Me impresiona cómo Dios, de algo roto e inservible, hace algo nuevo, maravilloso y útil en su reino. Una vez leí algo que le cae como anillo al dedo a la experiencia de Débora: "Los seres humanos desechamos lo roto, pero Dios no usa a nadie sin antes romperlo". Definitivamente no necesitas aprobación de ningún ser humano, ya Dios te la dio y se proyecta en lo plasmado en este libro.

Dianne Nikkolle Ortiz
Amiga de la autora

Este libro plasma de manera seria y concreta la lucha (del ser humano) por seguir hacia adelante cuando todas las condiciones alrededor son adversas y todo aparenta que nunca habrá salida. Además nos lleva por un camino lleno de procesos y decisiones las cuales nos van mostrando el amor, el cuidado y la fidelidad de Dios para sus hijos. Estoy seguro que será de gran bendición para todo aquel que tenga el placer de sumergirse en esta lectura. Mucho éxito y bendiciones.

Pablo Irizarry
Cuñado de la autora

DEDICATORIA

Este libro está dedicado a Dios, mi Padre Celestial, quien desde antes de la fundación del mundo me pensó y me creó con amor eterno, quien, a pesar de que conoce todo de mí, me ama. El que me corrige, me moldea conforme a Él y está al pendiente de cada detalle en mi vida. El que dio su vida por mí y que cuando mi vida peligraba, se remangó, se inclinó y me sacó del espiral negro que me succionaba hacia el abismo. El que, cuando me encontraba deambulando sin rumbo, me hizo habitar en familia y me sumergió en Su amor.

AGRADECIMIENTOS

Quiero agradecer infinitamente primero a Dios, que me da fuerzas cada mañana para levantarme, agradeciendo por una nueva oportunidad. Gracias, Dios, por lo que hiciste y por lo que haces por mí y por los míos a diario. Gracias por permitirme ser una voz en beneficio de quienes no pueden hablar. A tí doy toda la gloria.

A mi amado esposo, Manuel Montalvo, por apoyarme en todos mis inventos y por confrontarme en amor cuando lo he necesitado, impulsándome así a perseguir mis sueños. Gracias por amarme con fuerza y con pureza de corazón. Tú has sido el complemento perfecto en mi proceso de sanación y el compañero de vida que cambió mi perspectiva del amor para bien.

A mi hija "Mía", a quien siempre he llamado "mi conciencia". Nunca olvidaré aquél día en que, aún siendo una pequeña de 3 años, te paraste frente a mí y con fuerza me repetiste tres veces: "¡No temas, no desmayes!". Siempre supe que no eras tú quien me hablaba.

A mi hermana menor, Elizabeth (Ely). Gracias por creer en mí y por celebrar siempre mis aciertos. A mi cuñado Tony, gracias por estar siempre para nosotros, sobre todo durante aquellos momentos críticos.

A mi amiga de casi toda la vida, Ada Ruiz Jiménez, tú que me has acompañado en mis peores momentos, levantándome las manos y secando mis lágrimas, que siempre estás presente para sostener largas conversaciones, sin juzgarme por mis desaciertos. Eres más de lo que una amiga pudiera desear.

A Yvonne Olivencia de Arce, la *coach* que sembró en mí "semillas de grandeza". Gracias, Yvonne, por enseñarme a ver en mí lo que yo no veía.

A Emma Glizette Caballero, de Mujeres con Cuello de V. Gracias Glissy, por que aún en mis momentos de confusión, creíste en mí y siempre me lo hiciste saber.

A quien se ha convertido para mí en más que una amiga, una "hija grande". Gracias, Dianne, por, junto a Ángel y los nenes, estar presente en uno de los momentos más difíciles y trascendentales de nuestras vidas. Ya somos familia.

Al pastor Iván Irizarry y a su amada esposa, Lydia Toro. Ustedes lo saben, pero lo tengo que hacer público. Ustedes llegaron a nuestras vidas como instrumentos de Dios para enseñarnos lo que es un liderazgo y una iglesia saludables, para brindarnos un amor grande y consistente y para expandir nuestra visión más allá de donde nuestros ojos alcanzan a ver. Gracias por brindarnos su confianza y dirección durante esta hermosa jornada y gracias por poner a mi disposición todos los recursos a su alcance para que este proyecto se hiciera realidad.

A Yeremi y Génesis, más que por su excelente trabajo fotográfico, por el don que tienen para llegar al corazón y sacar lo mejor de cada persona a la que le brindan sus servicios. Están ungidos para ello. Gracias por aquella tarde tan especial.

Gracias a tí, mi querida amiga Sara; no fallas en añadir

a mis días alegría a través de tus mensajes diarios y tus palabras de aliento.

Por último, pero no menos importante, gracias a todas esas personas, incluyendo pastores y amigas, que han pasado por mi vida para, de alguna manera, sumarme valor, contribuir en el procesamiento de mi carácter y hacer de mí un ser resiliente. Me gustaría mencionar sus nombres, pero las páginas de este libro no serían suficientes. A todos les bendigo.

INTRODUCCIÓN

No soy psicóloga, aunque mi deseo en una etapa de mi vida fue serlo. Un día, impulsada por este anhelo frustrado y por haber sido testigo de tantas injusticias, decidí convertirme en una trabajadora social, y lo logré. Durante mi proceso de formación universitaria, adquirí una visión orientada hacia la resiliencia. Con el transcurrir de los años, este concepto se convirtió en un estilo de vida para mí. Alguien que me aprecia, me calificó en algún momento como la más tenaz resiliente que haya conocido. Yo no pude entender su perspectiva hasta mucho tiempo después.

Lo que usted tiene en sus manos es un compendio de mis experiencias vividas durante una etapa muy crítica de mi vida. Está dirigido a toda persona que haya sido sometida a maltrato abierto o encubierto, principalmente por parte de personas muy cercanas. Les contaré algunas de mis experiencias, desde el nacimiento hasta mis años de adulta. Haré énfasis en cómo los vínculos que establecemos con las figuras de cuidado que tenemos desde la niñez y los factores que circundan la crianza, afectan nuestro desarrollo. Me parece de primordial importancia abundar en las dinámicas de vida que se dan en torno a personas con trastornos de personalidad o traumas sin resolver y los efectos colaterales sobre la salud emocional, física y psicológica de la víctima.

En el campo de batalla, no hay peor enemigo que aquel que permanece en la penumbra, sin mostrar su rostro. Mientras no podamos identificar aquello a lo que nos estamos enfrentando, estaremos luchando contra lo desconocido y de esa manera no podremos ganar la batalla. Me refiero al enemigo que muchos enfrentamos a diario sin saber qué o quién es. A este enemigo yo le llamo "la maldad encubierta", y la ciencia le llama *"narcisismo" o trastorno de personalidad narcisista.* Por muchos años no pude darle un nombre a lo que estaba viviendo, hasta que oí hablar del trastorno narcisista y comencé a estudiar sobre sus efectos y las secuelas que deja en sus víctimas. El despertar y entrar en un proceso de sanación, marcó un antes y un después en mi vida. De mi experiencia con una madre con rasgos de **narcisismo vulnerable e introvertido**, un esposo narcisista **sociópata** y varias personas muy importantes en mi vida que resultaron ser narcisistas, salí con un sinfín de marcas en el alma. Pero salí viva, y eso ya es ganancia. En mi relato, algo crudo, pero totalmente real, abriré mi alma para mostrar las penurias que viví desde mi niñez hasta mi adultez, a través de las cuales me convertí en una resiliente, dando paso a la persona que ahora soy.

Debido a que estas personalidades operan de acuerdo a un patrón de comportamientos, o como dicen algunos expertos, "por manual", en algunos de mis relatos (sin intención de denigrar a nadie) menciono detalles, solo con el fin de ayudar al lector a entender o admitir que ha sido objeto de este tipo de maltrato. Tal como me sucedió a mí, a través de testimonios como el mío, muchas personas pueden finalmente ponerle un nombre a su odisea y liberarse. En mi caso, descubrí que en otros escenarios, con otros protagonistas, en otro tiempo y bajo otras circunstancias, estaban contando mi propia historia. Quiero hacer énfasis en que los escenarios eclesiásticos suelen ser de los preferidos para estos personajes. Debido a que, una de las funciones principales de la iglesia es amar y aceptar a la gente, en estos escenarios podría pasar inadvertida la presencia de este tipo de conductas, lo que puede causar daños colaterales en el congregante.

Mi misión es compartir las herramientas que me han servido durante mi proceso de sanación y regalarle al lector la llave que abrió mi cárcel mental, para ser definitivamente libre y forjar mi resiliencia. Deseo con todas mis fuerzas ser una voz en nombre de quienes no se atreven o no pueden hablar y que muchas otras resilientes valientes levanten su voz también. Espero que mi experiencia de dolor sirva de ayuda para liberar a muchos de su cárcel mental y que al igual que yo, puedan tener un final feliz. Ya que has llegado hasta aquí, te invito a quedarte conmigo. Bienvenido a mi travesía y gracias por acompañarme.

LA MALDAD ENCUBIERTA EN EL ESCENARIO ECLESIÁSTICO

En tiempos difíciles en los que la maldad ha crecido de forma extrema y la gente está en busca de amor real y genuino, muchas personas suelen pensar que el mejor lugar para encontrar ese amor es dentro de la iglesia. Y tienen razón, no hay mejor lugar para encontrar el amor de Dios. Pero, ¿quién podría pensar que allí también pueden encontrarse los peores especímenes del mal? Dado que es allí donde vamos "a buscar a Dios", también podemos pensar que la iglesia es un lugar de santos. Pero debemos tener presente que la iglesia es un hospital lleno de gente rota, en proceso de construcción y también de gente rota que se resiste a ser reconstruida. Sólo por mencionar algunos escenarios, las personas narcisistas se encuentran en las familias, los lugares de trabajo, los deportes, el mundo de los negocios, la política y muchas iglesias, las cuales están altamente pobladas por personas con este tipo de trastorno. Ciertamente, en cualquier congregación podemos encontrar personas que han escogido ese lugar para esconderse a cometer abusos y por ende crímenes en contra de gente vulnerable que acude allí buscando ayuda y solaz. Tomando en cuenta que con frecuencia estos personajes no trabajan solos, sino que también utilizan el apoyo de otra gente rota para perpetrar sus abusos, es muy fácil deducir que el escenario eclesiástico es un lugar idóneo para ellos. Ésto es así, ya que allí pueden encontrar, no solo a la víctima o víctimas, sino a los **monos voladores**, que son quienes, sin saberlo, los apoyarán en la perpetración del maltrato. Como feligreses fieles, tendemos a crear vínculos con nuestros líderes espirituales. Esto facilita el *modus operandi* del perpetrador, cuando se trata de un líder con tendencias narcisistas. Personas empáticas tristemente pueden terminar siendo blanco de este abuso, pues la confianza que sienten no les permite ver la verdad detrás de las máscaras. De igual forma sucede cuando el perpetrador es un congregante.

El maltrato narcisista, en la mayoría de los casos, queda en la penumbra, pues por muchas razones éste es un maltrato muy difícil de evidenciar. La naturaleza manipuladora extrema de estos individuos los hace más imperceptibles o difíciles de identificar para los profesionales de la conducta humana y para los líderes eclesiásticos. Sé de casos donde el perpetrador ha manipulado al profesional de la salud con una facilidad escalofriante, quedando impune de sus delitos. Como no admiten tener ningún problema, no se someten a evaluaciones psicológicas ni psiquiátricas, mucho menos a tratamientos.

Oí a un psicoterapeuta decir que si un narcisista fuera a admitir todo el daño que ha hecho, terminaría auto destruyéndose a causa del peso de su culpa. Según este psicoterapeuta, esa es la razón por la que la gran mayoría de estos personajes nunca cambian. Los psicólogos que se especializan en este tipo de trastorno, afirman que nunca debemos dar crédito a sus palabras, sino a sus acciones, con las cuales ellos demuestran quiénes realmente son. Esta es una de las herramientas principales que podemos usar a nuestro favor. Una estrategia que necesitamos dominar para poder identificar estos comportamientos a tiempo es conocer cuáles son las señales o **banderas rojas** observables en la interacción inicial con las personas relevantes de nuestra vida. En mi historia, basada en mi experiencia, haré referencia a muchas de esas banderas rojas. Cabe señalar que toda persona que se lo propone, puede cambiar, sobre todo con ayuda divina.

A lo largo de mi vida, comenzando desde mi niñez, viví la terrible experiencia de convivir con al menos tres personas con trastornos de personalidad narcisista, personas de mayor relevancia en mi vida, los cuales también se movían en el ambiente eclesiástico. Cuando comencé a estudiar este trastorno, quedé aterrada al darme cuenta de que mi madre mostraba rasgos de **narcisismo vulnerable e introvertido**. Las personas con este trastorno son tímidas, introvertidas, hipersensibles y tratan de mantener por lo general un perfil bajo. A veces, dependiendo de la persona narcisista encubierta, se les puede ver llorar con frecuencia. El llanto en ellos, se debe a su hipersensibilidad, pero no dudan en usarlo como máscara para ocultar su maldad y falta de verdadera compasión. También suelen utilizar el llanto como arma para defenderse o manipular. Muchos especialistas admiten que los narcisistas encubiertos son más peligrosos por el mismo hecho de mostrarse vulnerables, lo que lleva a las personas que se crucen con ellas a dudar de sus capacidades para hacer el mal. La fragilidad e inseguridad con la que se enmascaran los ayuda a engañar a la víctima cuando abusan de ella. Sin embargo, es a través de contradicciones entre lo que dicen y lo que hacen lo que los delata, ya que en ellos las contradicciones (algo común en todo ser humano) son más frecuentes y hasta pueden llegar a ser exageradas.

Asimismo estuve casada con un narcisista con trastorno de personalidad antisocial, también conocido como sociópata, y a ésto le añadimos un delirio religioso. El trastorno de personalidad antisocial comienza antes de los 15 años de edad, y se caracteriza por la vulneración de los derechos de los demás, como por ejemplo cometer continuadas agresiones físicas, aunque este punto no es indispensable que ocurra. Estas personas con frecuencia carecen de empatía y tienden a ser crueles con los demás. Algunas de las características o síntomas que pueden presentar las personas que encajan con el trastorno de personalidad antisocial, son el uso de mentiras repetidamente para beneficio propio, manipular a los demás, ser negligente con el cuidado de otras personas, manifestar una irresponsabilidad constante, tener dificultades para mantener un trabajo y utilizar la violencia. Otro rasgo común en este tipo de personalidad es tener adicciones.

Por último, pero no menos importante, conozco a varios "pastores" entre ellos el que lideraba la iglesia a la cual asistí precisamente con mi ex esposo sociópata. Este pastor llegó a ganarse la confianza y el amor de un grupo grande de feligreses, incluyéndome a mí y a mi familia. De hecho, llegó a tener una interacción muy estrecha con mi ex esposo, al punto que éste le asistía en sus labores pastorales. Debo mencionar que a su paso por la iglesia dejó una estela de muchísimo dolor entre los congregantes que permanecimos hasta su salida. Luego descubrí que éste pastor es un gran narcisista.

Debido a que esta problemática va escalando aceleradamente, pienso que el campo de la conducta humana sería mucho más efectivo si incorporara en sus currículos el estudio formal de este tipo de comportamientos y personalidades. De la misma manera, considero que los pastores y los sacerdotes tendrían más y mejores herramientas para lidiar con este tipo de conductas en sus congregaciones si se capacitaran en esa materia.

Todos hemos sabido de casos de iglesias en donde se infligen abusos a los congregantes, sea por parte del pastor o de algún alto líder. Esto sucede cuando el líder o líderes no están sanos en términos espirituales y en la mayoría de los casos, tampoco gozan de salud mental. Cuando indago sobre la conducta de ese tipo de líder espiritual, veo que existen muchos rasgos en su comportamiento que encajan con el perfil del trastorno narcisista de la personalidad. Incluso, muchos de estos casos rayan en la sociopatía o la psicopatía. En la mayoría de los casos, estos personajes utilizan la manipulación como herramienta y manipulan de infinidad de formas, todas dirigidas a alimentar su ego enfermo, su sentido de grandiosidad y en algunos casos, sus bolsillos. Muchos de estos abusos pueden ser de índole verbal, emocional, psicológico, físico, sexual o financiero. Ésto es objeto de suma preocupación para quienes amamos y estamos comprometidos con la labor eclesiástica y abona mayor responsabilidad sobre quienes deseen realizar dicha labor con amor, empatía, responsabilidad, integridad y transparencia.

Me parece necesario y saludable el que las personas que desean congregarse, puedan identificar a las iglesias sanas, esas que realmente cuidan a las personas como a ovejas que necesitan un buen pastor. Este ejercicio requiere de marcar muy bien la diferencia entre lo que es un líder espiritual sano y uno enfermo y me refiero, no a enfermedades físicas, sino a enfermedades del alma y del espíritu, esas que los hacen peligrosos y no aptos para cuidar de los hijos de Dios.

Para poder identificar si una persona está enferma, lo primero que se observa en ella son los síntomas; de ahí se parte para poder llegar a un diagnóstico. De la misma forma, para identificar a un líder enfermo, necesitamos observar las señales propias de estos trastornos, presentes en su conducta. Antes de avanzar, uno de los aspectos más neurálgicos y que siempre se ve afectado grandemente en la vida de estas personas a causa de su conducta, es su familia. Siendo así, podemos asegurar que las familias de estos líderes son disfuncionales, aunque cabe señalar que la disfunción familiar también suele ocurrir en otros tipos de familias. Para ellos, el mostrar algún tipo de vulnerabilidad no está permitido, pues guardar las apariencias es vital para su ego. Así que en estos casos en particular, esta disfunción suele disimularse. Una de las señales más evidentes y dolorosas es la manera en cómo su estilo de vida afecta a sus hijos. Señales que pueden percibirse en el proceder de los hijos, como rebeldía, cambios en su estado de ánimo, un mal rendimiento académico, la aparición de una doble vida o de adicciones, entre otras, podría ser una alerta de que hay algo oculto de mayor envergadura. ¿Cuáles son algunas señales de que un líder eclesiástico es narcisista o carece de cualidades inherentes a una pastoral sana? Un líder eclesiástico narcisista generalmente utiliza la *manipulación* y hasta puede llegar a utilizar el *gas lighting*, incluso, puede proyectarse autoritario y prepotente. En otros casos, un líder con una pastoral no sana, puede proyectarse humilde a la vez que desvirtúa los fundamentos bíblicos que dan base a nuestra fe, mediante la distorsión del mensaje, intercalando en su discurso filosofías, ideales u opiniones personales. Otro rasgo que puede ser común en líderes narcisistas, es su tendencia a elevar su imagen a un nivel divino, en espera de que se le rinda honor y pleitesía, pues son egocentristas. Algunos llegan a imitar a algún otro líder, ya sea en su manera de proyectarse, incluso los he visto copiar sermones completos, incluyendo el estilo y los gestos de otra persona (son expertos imitadores). Dentro de su "modus operandi" se pueden identificar formas de liderazgo que no aportan a la salud espiritual, emocional ni relacional de la iglesia. A grandes rasgos, estamos hablando de un liderazgo donde se obvia la ejecución sana y firme de los roles del pastoreo amoroso y constante, una enseñanza cien por ciento bíblica, la buena dirección en temas eclesiásticos, una consejería ética, la corrección respetuosa y la buena administración financiera.

En el aspecto personal, muchos de estos líderes suelen ser infieles a sus esposas, utilizando la mentira de continuo, para ocultar su doble vida. Como dije al principio, esta conducta repercute terriblemente en la dinámica familiar, en especial sobre los hijos. Es justo hacer un paréntesis para puntualizar que la vida de los hijos de pastores es bastante difícil, pues, por ser "los hijos del pastor", las personas esperan perfección en ellos, mientras se pierde de perspectiva el que ellos también son humanos. El hecho de tener que vivir bajo el foco público a la vez que tienen que lidiar con conflictos familiares, sobre todo cuando se trata de un padre (o madre) narcisista y autoritario, puede ser devastador para la salud emocional y quizás mental de ese ser humano. Muchas veces los hijos de pastores terminan alejándose del ámbito eclesiástico, porque no pueden soportar la presión, la vergüenza, la frustración y el sentimiento de haber sido defraudados por sus modelos primordiales y en la mayoría de los casos, juzgados por la gente que los rodea.

Una gran bandera roja que debemos tener en cuenta

para identificar a estos líderes es el control excesivo que ejercen sobre sus líderes, subalternos y sobre la congregación. Pueden controlar el mensaje que llevan, haciendo creer a la congregación paradigmas o conceptos que no son congruentes con los fundamentos que deberían enseñar. Escuché un testimonio donde una dama que trabajaba para una congregación, fue manipulada al punto de ser aislada de su familia y demás gente importante para ella. La manipulación y el *gas lighting* que recibía era tan grande que cuando decidió no seguir sometiéndose a los abusos por parte de su pastor y jefe, perdió su trabajo y su salud mental se vio muy afectada. Estas personas son usadas para diversos propósitos. En estos casos también suele recurrirse al menosprecio, creando codependencia en la persona objeto del maltrato, y pueden llegar a la violencia física. Asimismo, con el fin de lucrarse financieramente, pueden utilizar como referencia ciertas porciones bíblicas para manipular la mente del que ofrenda. En su discurso lanzan sentencias de maldición sobre ellos, en caso de no diezmar, ofrendar, o no dar las sumas que ellos piden. Esos son los mismos líderes que, en lugar de utilizar ese dinero para ayudar al necesitado, lo utilizan para enriquecerse.

Este es un ejemplo real de lo que **no** es un líder sano. Por mucho tiempo he oído hablar sobre la conducta prepotente de un líder cuya falta de empatía y sentido de grandiosidad son asombrosos. Éste continuamente resalta su estilo de vida como excusa para menospreciar a los congregantes que no practican los mismos hábitos que él practica. Con igual desdén menosprecia a las personas que no piensan igual que él, alegando que él es rechazado por, según él, decir la verdad (***pitty play***).

Otro ejemplo real: Tuve la oportunidad de ser "pastoreada" por uno de éstos "pastores", cuyo estilo era sumamente machista, factor que a simple vista, no era notable en su vida familiar. Lamentablemente, tuve la oportunidad de estar un tiempo muy cerca de él y de su esposa, y ahí fue cuando descubrí la manera tan cruel con la que la trataba a ella y a su hijastra, mientras malcriaba con desfachatez a su hijo pequeño. Debido a la falsa confianza que me inspiraba, llegué a pedirle consejería, con la esperanza de que mi matrimonio mejorara. Su recomendación fue que en mi casa se imitaran las mismas conductas que él practicaba en su casa. En esos momentos era cuando mi mente se confundía aún más, pues para mí él representaba la imagen de un líder íntegro, pero su proceder era totalmente incongruente con lo que enseña el modelo bíblico. (*gas lighting*)

Hasta aquí he descrito brevemente algunos ejemplos vividos de cómo **no** debería ser un líder espiritual. También es justo hablar de **cómo es** un líder espiritual sano, realmente íntegro y comprometido con Dios y con el bienestar de su gente. Antes quiero destacar que, a pesar de la creciente decadencia de la reputación de los líderes espirituales debido a los escándalos que hemos visto ocurrir a través de los años en el ámbito eclesiástico, sí existen líderes cuyo corazón se mantiene puro y enfocado en cumplir con excelencia y transparencia el trabajo que Dios les ha delegado.

Un líder espiritual sano es humilde y compasivo, lleva

el mensaje de la Palabra de Dios con respeto y se limita a utilizar la Biblia como su guía de enseñanza. Un líder espiritual íntegro es un hombre emocionalmente estable, como esposo es fiel y como padre está presente físicamente y emocionalmente. Sabe priorizar sus responsabilidades, poniendo en primer lugar su relación con Dios, como fundamento principal para cuidar de su familia y del ministerio. Es un líder presente, comprometido con sus responsabilidades pastorales y está disponible para atender asuntos de emergencia que impliquen la vida y seguridad de sus feligreses. Es un buen administrador del tiempo para beneficio de los suyos y de la iglesia a su cargo. Es un líder que sabe desarrollar a otros líderes y que sabe delegar en ellos aquellas responsabilidades complementarias dentro del ministerio. En el área financiera es intachable, su equipo de trabajo está formado por personas capaces de manejar las finanzas con profesionalismo, desinterés al dinero y pasión por la gente. Sus prioridades en el manejo de las finanzas son ayudar al necesitado, cubrir los gastos del ministerio e impulsar la expansión del Reino de Dios en la tierra. En sus relaciones interpersonales con la grey, es extremadamente serio. Sabe mantener una distancia prudente con las personas, de manera que puedan sentir su atención y cuidados, pero estableciendo límites saludables. En ese aspecto, sabe cuidar a su familia, modelando y fomentando una interacción saludable con los demás congregantes y ese cuidado lo extiende a las familias de la congregación. En el aspecto de la transmisión de la enseñanza, es radical. Conoce profundamente los fundamentos bíblicos y se esmera en transmitir esos conocimientos en detalle e intactos, según están plasmados en las sagradas escrituras. Para un pastor conforme al corazón de Dios, su mayor motivación es servir a Dios y a la gente, transmitirles el mensaje de la cruz sin modificarlo y guiarlos en su caminar con Dios. Un pastor conforme al corazón de Dios, no teme morir por causa del Evangelio.

Una congregación saludable es una que se nutre con confianza de las enseñanzas de Jesús, contenidas en la Palabra de Dios. El amor que la invade le permite deleitarse en recibir a las personas con alegría desbordante y contagiosa. Está atenta a las necesidades físicas, espirituales y emocionales de los congregantes de todas las edades, y está preparada para brindarles ayuda individualizada y grupal. Está atenta a los tiempos cambiantes y se capacita de manera adecuada para enfrentar los embates que estos constantes cambios mundiales ejercen sobre el mundo. Una iglesia saludable está consciente de las funciones que le corresponden ejercer en la tierra y está deseosa por ejercerlas, aunque ésto signifique sacrificar su propia vida. Una iglesia saludable es un organismo vivo que hace que quien la visita quiera quedarse, no porque le están vendiendo un evangelio idealista, sino porque allí se vive la vida abundante que fluye de Dios, que sana los corazones, los cuerpos y las mentes de quienes se exponen a ella. Según mi experiencia, llegar a este tipo de iglesias es como entrar en un pequeño cielo, donde puedes sentir el amor de Dios que satura la atmósfera... es ser invadido por ese amor a través de la gente que ha sido transformada y bendecida por esa atmósfera celestial, donde Dios realmente habita. Este tipo de iglesias no abunda en estos tiempos, pero ciertamente existen, son muy especiales y están abiertas para todo aquél que necesita y desea conectarse con su fuente de vida, que es Dios.

> *"¡Mirad cuán bueno y cuán delicioso es habitar los hermanos juntos en armonía! Porque allí envía Jehová bendición, y vida eterna."*
> **Salmos 133: 1, 3b**

LA CONSTRUCCIÓN DE MI NIÑA INTERIOR

Todo comenzó una noche inundada de emociones encontradas. Ella, ilusionada y asustada, se entregaba a su salvador, el que le daría la estabilidad y la protección de la que tanto había carecido durante su dura vida. Él, a la vez que arrastraba su todavía reciente duelo, se entregaba nuevamente al matrimonio, en busca de ayuda para terminar de criar a sus cuatro retoños. Ella cargaba sobre sus espaldas el enorme peso de un pasado horrible, de maltratos a nivel esclavitud. Sus recuerdos se habían transformado en un muro mental enorme e intraspasable, de quejas sin fin, de vergüenza patológica y de culpas por traspasar a los demás. Él también traía un pasado del que poco se hablaba, ya que su reputación de "hombre de Dios" no lo permitía. Así como todo edificio debe ser construído sobre bases firmes y con materiales de calidad, toda unión matrimonial debería tener las bases correctas, pero ésta parecía ser una triste excepción.

El fruto de su unión no tardó en ser concebido y gestado, y ocurrió entre lágrimas y hastío, entre risas y fiesta. Y llegué yo, para llenar de incertidumbre y malestar a unos y de alegría a otros. Dos años y medio después llegó Elizabeth, mi hermana menor. Según iba creciendo, yo sentía que no encajaba en ningún lugar. La tristeza que sentía no me cabía en el pecho; tal parece que la depresión diluida en distimia de mi madre me había sido traspasada a través del cordón umbilical. Poco tardé en darme cuenta de que las atenciones de los adultos ya no eran sólo para mí, pues ahora también serían para la chiquita que llegó después. Ya no era yo el centro de mi pequeñísimo universo, pues ahora tendría que compartirlo todo con ella. Acabo de recordar que mi frustración por carecer de la total atención de ellos, la canalizaba mordiendo el dorso de mi mano.

Un adulto es la suma de un cúmulo de experiencias que comienzan desde el vientre. Está probado que el bebé, desde allí, percibe su entorno y es muy fácil influenciar en su psique durante esa etapa.

Siempre quiero pensar que mi madre nos amaba, a pesar de sus reclamos, los cuales parecían ser eternos. Ella, emanando odio y resentimiento lloraba, se lamentaba, renegaba del pasado y maldecía a la gente incluída en ese pasado. Siempre que evocaba aquellos recuerdos, era como si se sumergiera de nuevo en aquellas vivencias de horror, arrastrando consigo a su oyente de turno hacia el abismo en el cual ella vivía. Mi padre, por su parte, buscaba escapar de la cárcel que había elegido, encerrándose cada vez más en su mundo creativo, pensando en su próximo invento. Mis padres eran brillantes, a pesar de no haber podido terminar la escuela. Mi madre no terminó la escuela elemental, ya que mis abuelos maternos carecían del dinero necesario para enviarla luego de haber terminado el tercer grado. Mi padre tuvo que comenzar a trabajar desde muy niño para colaborar con la economía de la casa de sus padres y cuando terminó el octavo grado, desertó para continuar trabajando. Su retórica a menudo denotaba nostalgia por sus sueños de grandeza rotos. A pesar de eso, era el hombre más servicial y desprendido que he conocido.

La casa en la que nos criamos era lúgubre y la atmósfera era tensa. Para mí las noches eran eternas. ¡Los monstruos nocturnos constantemente interrumpían mi sueño! Lo único que podía hacer mi madre para lograr que durmiera era dejar la luz encendida. Pensar que mi madre velaba mi sueño me daba cierta tranquilidad. Según fui creciendo, el vecindario se convirtió en mi refugio. Siempre trataba de evitar pasar tiempo en casa. Por un lado me aterrorizaban los murciélagos que vivían en el plafón y los ratones que transitaban por la casa. Por otro lado, me rompía por dentro el ver a mis padres refugiarse por separado en sus respectivos mundos. Mi madre se hundía cada día más en su depresión, y mi padre huía al trabajo y al servicio eclesiástico.

Mientras tanto, "íbamos a la iglesia" casi a diario, los

domingos, dos veces, en la mañana y en la noche. La influencia religiosa hizo de la crianza una bastante restrictiva, no a nivel del ser, sino a nivel de la apariencia física. Ésto, sumado a otros factores, fue formando en mí un sentido de inseguridad y rebeldía. En lo más profundo de mi ser estaba la fuerte idea de que el cristianismo tenía que ser mucho más que eso. Con el tiempo, esa idea se convirtió en la mayor de mis búsquedas.

Durante mis primeros años, mientras deambulaba por el barrio, fui expuesta a escenarios que impedían que en mí se formara una persona con una autovalía y una autoestima saludables. El menosprecio se reprodujo, como un reflejo de mi mente manipulada, en mi mundo entero. Crecí frágil e indefensa, insegura, avergonzada, sintiéndome un ser despreciable, pero con un deseo escondido muy profundo en mi ser, de sentirme aceptada, de pertenecer y de formar parte de mi entorno. "Nosotras somos inferiores", esa palabra dicha por mi madre cortaba mi alma como cuchillos de carnicero y retumbaba en mi mente una y otra y otra y otra vez. Mi padre, sumergido en el trabajo que traía el sustento a la casa, ni se inmutaba, porque nunca se enteró. Él también vivía luchando con sus propios demonios.

Sin saber el daño que ésto hacía, con frecuencia se hacían comparaciones entre mi hermana menor y yo. El concepto de fealdad se incorporó también a mi ya lastimada autopercepción. La mayoría de los pocos momentos felices que recuerdo de mi niñez, los pasé junto a mi hermana paterna, quien me hacía sentir especial. Con ella podía experimentar ese sentimiento de que la vida, así como una moneda, tenía dos caras y que la otra cara, esa que yo no conocía, debía ser mucho mejor.

En casa, la comunicación era un vocablo ausente, al igual que la educación sexual. Así que tuve que aprender, como decimos en mi barrio, "a la mala". La educación sexual en la infancia es de crucial importancia para formar adultos seguros de sí mismos. Resulta extremadamente doloroso para el nuevo adulto, cargar con la realidad de que perdió su inocencia a tan temprana edad. Una niñez sexualizada es una alteración al diseño original de Dios para su creación y los padres son altamente responsables de evitar que ésto suceda. El escenario religioso y escolar no es el responsable de educar a los hijos. Las herramientas básicas que necesita todo ser humano para enfrentarse al mundo no las provee la escuela, ni la iglesia, ni el pastor, ni el sacerdote, mucho menos el gobierno. Ese asunto es responsabilidad de los padres. El diseño que el sistema ha implementado en cuanto a la educación de los hijos jamás podrá superar al diseño original, el que fue establecido desde el principio de todas las cosas por nuestro Creador y delegado por Él a los padres o encargados. Dios no se equivoca.

Todo padre debe tener muy presente su rol primordial: el bienestar de sus hijos. Cuando nos convertimos en adultos sin haber trabajado las heridas del alma, corremos el riesgo de traspasar a nuestros hijos las mismas heridas y los mismos traumas.

A los seis años de edad, esperaba con mucho entusiasmo ingresar en la escuela. En la escuela de mi barrio no existía el kindergarten, así que entré a primer grado, descubriendo de inmediato mi lugar preferido. Rápidamente me integré. Me encantaba saber que entendía todo y que aprendía muy rápido. Comencé de manera inconsciente a experimentar una urgencia por sobresalir. El entorno era propicio y empecé, sin saberlo, a competir con mis compañeros, sobre todo con aquella niña que era más aplicada y más sobresaliente a nivel intelectual que yo. Sigilosamente se manifestaba en mí esa avidez tácita que llevaba por dentro de "ser alguien". Sin saberlo, tenía improntada en mi alma la necesidad de mi padre de alcanzar cosas mayores y de vencer el sentido de inferioridad. Él, de manera inconsciente, había delegado en mí sus sueños de sobresalir. Y allí, sin saberlo, estaba yo compitiendo para ganar la aprobación de mi papá. Competía en la escuela y competía en mi casa, con mi hermana menor. Mis padres, sin darse cuenta, sembraron en nosotras esa semilla, a través de la comparación.

Los padres necesitan estar conscientes del daño que reciben sus hijos cuando los comparan, resaltando las habilidades y cualidades de uno e invalidando los sentimientos, las iniciativas o las ideas del otro. Los efectos adversos pueden ser varios y a largo plazo. Ejemplo de ésto es la ansiedad, generada por la presión constante de cumplir con las expectativas, la baja autoestima al sentirse perpetuamente en competencia y el resentimiento hacia los hermanos, percibidos como rivales en lugar de aliados. Estos impactos no solo afectan al individuo, sino que también generan tensiones innecesarias en las dinámicas familiares, contribuyendo a un ambiente menos saludable.

Antes de avanzar a otros aspectos, debo recalcar que el propósito de compartir mi experiencia es ventilar problemáticas que se dan en los diferentes escenarios de los cuales un niño es partícipe. Nadie puede dar lo que no tiene. Nosotros, como padres, transmitimos a nuestros hijos lo que recibimos a través de la crianza y de momentos cruciales a lo largo de la vida. Mis padres tuvieron una crianza dolorosa, en la cual también fueron maltratados. Ellos partieron de este mundo hace mucho tiempo y a través del tiempo he podido perdonar cualquier acción voluntaria o involuntaria que me perjudicara. Puedo entender que ellos también fueron víctimas de las circunstancias en las cuales fueron criados y en las que se desarrollaron como adultos. Hoy quiero honrar su memoria, porque así como ellos de alguna manera fallaron en su estilo de crianza, también incorporaron en ella valores y principios de vida fundamentales para nuestro desarrollo. Lo más que les agradezco es que, a pesar de las dificultades que ellos también vivían, nos guiaron al conocimiento de que hay un Dios real, al cual no se le escapa nada. Ese factor, para mí, ha sido determinante y trascendental.

El resultado de lo que había sido mi crianza, dijo presente muy pronto. Llegué a la adolescencia con una inseguridad patológica, sintiéndome fea y cargando culpas y vergüenza que no me pertenecían. Por más que lo deseara o lo intentara, no podía encajar en mi entorno. Llegar a la escuela intermedia se convirtió en un suplicio. Me avergonzaba de mi apariencia física y me dí cuenta de que otras niñas me veían como alguien raro. Los niños me atraían, pero me resultaba imposible pensar que alguno de ellos pudiera fijarse en mí, sobre todo aquél galán hermoso que me atraía. Durante mis primeros dos años de escuela intermedia, mi excelencia académica se desplomó. Aunque me preocupaba el aspecto académico, mi área emocional iba en deterioro, afectándose negativamente esta área tan importante.

En el verano de 1982 nos mudamos de la casa en la que me crié en Guayanilla, Puerto Rico, al pueblo de Cayey, Puerto Rico. Esa mudanza significó comenzar de cero en todos los sentidos. En comparación con la destartalada residencia en la que me crié, la casa que nos acogió, a pesar de estar a medio construir, se sentía como un palacio. Por primera vez en mi vida pude escuchar a los pajaritos cantar en la mañana. Me fascinaba la frescura que se sentía en aquel lugar. Apenas llegamos, fuimos recibidos por un hermoso séquito de ángeles. Era nuestra nueva vecina Zory, quien, con su hermosa sonrisa y candidez y acompañada de sus cuatro retoños, nos daban la bienvenida y nos ofrecían su hospitalidad sin medida. Ella todavía está con nosotros y la bendigo por haber sido nuestro apoyo y la hermana mayor que nos acompañó a nosotras y a nuestros padres durante tantas temporadas y procesos. Doy gracias a Dios por la vida de ellos.

A pesar de haber dejado parte de nuestra vida atrás, éste nuevo comienzo redundó en bienestar para todos. Mi padre ya tenía una tierrita en la cual pasaba tiempo sembrando y cosechando frutos menores, cosa que siempre había deseado. Mi madre parecía disfrutar de su nuevo entorno y de su amistad con nuestra vecina. Mi hermana y yo comenzamos de inmediato en la nueva escuela, lo que significó un cambio positivo para ambas. No sé si fue el cambio de entorno lo que me hizo sentir en cierto modo renovada, pero comencé a interactuar con nuevos compañeros. Entre ellos estaba aquella chica, de la cual no recuerdo el nombre, pero sí su perspicacia. A pesar de su mentalidad un poco alocada, ella me hacía sentir normal. Ella era esa amiga que en algún momento aparece en nuestras vidas para hacernos ver que somos parte del grupo. Una tarde, mientras caminaba por los pasillos de la escuela luciendo mi falda "disco", comenzó a soplar el viento y, por alguna razón, en ese momento recibí mi primer piropo. Los que saben algo sobre las modas de los años '80, entenderán el chiste de la falda "disco" y el viento. En ese momento, el cual puedo describir como una especie de epifanía, mi cerebro sufrió un corto circuito. Casi quedé en "shock", cuando pude analizar: "Entonces, no soy tan fea ni tan indeseable como pensaba". Ese día, a mis 14 años de edad, comencé a "abrirme al amor". Desde entonces empecé a experimentar lo que son los noviazgos de adolescencia, esos que te hacen vivir flotando en las nubes y con el estómago lleno de mariposas. Lo vivido durante esa etapa y la inseguridad que cargaba, me llevó a hacer de "el amor" el dios de mi vida; allí podía fluir con seguridad. Cuando me enamoraba, lo hacía desde lo más profundo y entregaba todo mi ser, sin medida.

La interacción en pareja durante la adolescencia puede y debe ser una experiencia sana, ya que hasta cierto punto, sirve de base para el desempeño como pareja durante las relaciones en la adultez. Para que así sea, debe estar fomentada por una autoestima sana. Mi autoestima, no es que no fuera sana, sino que no existía, por decirlo de alguna manera.

MI ESTRENO COMO ADULTA

Estando en la escuela superior conocí a este muchacho, que, según mi apreciación, era el más guapo de la escuela. Siempre, acompañado de un amigo, me esperaba en la misma esquina, con el mismo piropo. No tardamos en hacernos novios y desde ese día, yo no caminaba, sino que flotaba. Mi promedio académico, el cual había mejorado notablemente durante mi último año de escuela intermedia, volvió a descender. Pero eso a mí no me importaba mucho, yo solo quería estar con él, haciendo honor a la canción "Solo él y yo", del grupo femenino Pandora, muy famoso en esa época. Abandoné la poca vida social que tenía en la escuela, a excepción de mi amistad con mi amiga-hermana Norma. Ella, aunque la vida puso distancia entre nosotras, fue y sigue siendo muy especial y amada para mí. Nos graduamos de la escuela superior y él y yo continuamos siendo inseparables. A los 19, ya estábamos casados. Éramos dos niños con responsabilidades de adultos tratando de llevar a cuestas un matrimonio sin herramientas y sin siquiera los conocimientos básicos de lo que es una responsabilidad tan grande. Yo, en mi búsqueda de paz y propósito, vivía tratando de llenar mis enormes vacíos con el amor de un hombre. En primer lugar, allí encontraba el amor que pensaba que necesitaba y en segundo lugar, esa era la única área en la que sabía desempeñarme con algo de normalidad, haciendo lo que pensaba que era lo correcto: dar amor sin medida, sin considerarme una prioridad. Gracias a mi desempeño incondicional y abnegado, fui creando una reputación de "buena esposa", forjada por funciones que hicieron nacer en mí un orgullo de mujer experimentada y eficiente. Éste aspecto de mí reforzó la adoración al amor idealizado que traía desde mi adolescencia temprana. Pero esa imagen muy mía no fue suficiente para sostener un matrimonio, porque los aspectos esenciales de la relación no estaban cubiertos. Éramos dos mundos distintos tratando de engranar. La relación se fue deteriorando; sucedieron cosas que agrandaron mis ya enormes heridas. Yo estaba cansada de no encontrar paz, a pesar de que desde siempre supe de un Dios que me amaba, pero cuyo amor no podía sentir. En mi desesperación, escuchaba música cristiana, porque desde muy pequeña me gustaba cantarle al Señor. Mientras cantaba esas canciones que revolcaban el dolor inmenso que había en mi corazón, me derramaba en llanto. Un domingo en la mañana pasó lo menos esperado para él. Ese día me levanté temprano, me vestí lo más recatada que pude y me fui a una iglesia que estaba cerca de la casa donde vivíamos. En ese momento solo podía pensar que allí encontraría al Dios del cual hablaban esas canciones. Aquella era una congregación extremadamente fundamentalista, a nivel patológico, diría yo. Como pensaba que Dios estaba enojado conmigo, me sumergí de lleno en los dogmas torcidos que allí se enseñaban, creyendo con todo mi corazón que de esa manera conquistaría el corazón de Dios. Mi matrimonio pasó de mal a peor; los conflictos que ya existían se multiplicaron y yo buscaba desesperadamente la salvación de mi matrimonio. Pero la brecha que se había creado entre él y yo se convirtió en un profundo abismo. En medio de mi lucha, la persona que se había convertido en mi líder espiritual, me dijo que "tener un hijo salvaría mi matrimonio". Entonces, en el momento en que la distancia no podía ser mayor entre nosotros, supe que estaba embarazada. Mi primer hijo, William Yoel, llegó en julio de 1991 como el regalo más grande y hermoso que había recibido en toda mi vida. Dos años después de su nacimiento, el matrimonio sucumbió.

Si bien es cierto que los hijos son bendición de Dios, no es menos cierto que no son el medio para mantener un matrimonio unido. Las crisis matrimoniales se pueden superar, si se trabajan con las herramientas correctas, con voluntad mutua y con mucho amor. El divorcio puede ser en extremo doloroso y en ocasiones, traumático, tanto para la pareja como para los hijos. No obstante, en ocasiones es inevitable, y hasta puede ser beneficioso.

A mis 25 años emprendí mi vida de cero, sola con mi niño de dos años, con el corazón hecho pedazos, pero con mi frente muy en alto, segura de que había tomado la decisión correcta. Para ese tiempo ya había abandonado aquella congregación donde se exigía de manera muy cruel una "santidad" externa, y donde se promovía con la misma crueldad el odio hacia quienes no eran como ellos. Para no dejar de añadir heridas a mi ya destrozado corazón, salí de allí con una decepción enorme, porque aquella gente no podía parecerse menos al Jesús que se menciona en la Biblia. Otra vez retumbaba en mi mente esa idea loca de que el Evangelio debía de ser mucho más que eso. Por momentos, me parecía una locura la idea de que el verdadero Jesús fuera alegre, feliz, amoroso, misericordioso, amable, aunque así me lo había planteado. En mi mente confundida existía la dicotomía de un Dios amoroso versus un Dios vengador. Imaginaba a Dios implacable, con un látigo en una mano y un borrador en la otra. El látigo era para golpearme y el borrador era para borrarme de su libro cada vez que pecaba. Eso debía ser agotador hasta para él, aún siendo Dios. Pero ¿acaso podría ser de otra forma? ¿Cómo es posible que el Jesús que entregó su vida por mí, porque me ama, sea un verdugo que quiere avergonzarme y destruir mi alma? Y así fui de iglesia en iglesia en busca de esa verdad que me haría libre algún día. Simultáneamente buscaba ahogar mi soledad y mi falta de propósito y paz en las personas. Sin medir consecuencias, fui de aquí para allá, ejerciendo la "libertad" que no tuve cuando más joven, porque me había casado demasiado pronto. Lo que no podía ver en ese momento era que esa "libertad" era una cárcel que yo misma me estaba construyendo.

La libertad no es un estado físico, sino mental y espiritual.

Había comenzado a visitar una iglesia que me gustaba bastante, en la que decidí quedarme. Allí conocí gente buena que nos acogió a mi niño y a mí como parte de la familia. Al fin me sentía parte de una comunidad de fe y comencé a participar activamente. Entre las personas que marcaron mi vida, puedo mencionar varias, pero allí encontré una amiga quien, junto a su hija, se convirtieron en nuestra familia. Horty es una mujer de oración y puedo decir que lo que sostuvo mi fe en aquel tiempo fue los tiempos de oración que pasábamos juntas. Recuerdo que en uno de esos gloriosos momentos, Dios la usó para darme una palabra que aún atesoro en mi corazón: "Vas a ministrar *restauración* a muchas mujeres, a través de la adoración". Nunca había escuchado hablar del concepto restauración, por lo que en ese momento no le dí mucha importancia a esa declaración. Cuando Dios nos da una palabra, sin importar cuánto tiempo tarde, podemos creer sin dudar que Él cumplirá. Puedes dudarlo, pero Dios jamás dudará, porque sus planes no están basados en tus capacidades, sino en su propósito, su amor y su gracia. En 25 años recibí esa misma palabra tres veces y durante mis momentos de debilidad la recordaba, descartando la posibilidad de que sucediera. Para ser honesta, llegué a pensar que esas palabras habían sido producto de emociones humanas. Mientras escribo ésto vienen a mi mente Abraham y Sara. Ellos esperaron el cumplimiento de su promesa durante 25 largos años, y vaya que Dios sí cumplió su promesa. Ellos ni siquiera se acercaron a imaginar el enorme alcance de su cumplimiento.

> "Porque todas las promesas de Dios
> son sí en él, y amén en él,
> por medio de nosotros, para la gloria de Dios."
> **2 Corintios 1:20**

> "Pues yo sé los planes que tengo para ustedes—dice el Señor—. Son planes para lo bueno y no para lo malo, para darles un futuro y una esperanza."
> **Jeremías 29:11**

MI VERDADERA HISTORIA DE TERROR

El apóstol Pablo, en su segunda carta a Timoteo, en el capítulo 3, le hace una seria advertencia, acerca del carácter de las personas con las que tendría que lidiar. Pablo, muy puntualmente, se refería a personas que no han sido bautizadas con el carácter de Cristo. Él le advierte con vehemencia, porque conocía la manera tan encubierta y cruel con que estos personajes suelen operar. Así que le instruyó a estar bien alerta a las señales (banderas rojas) y a pedir y desarrollar discernimiento, con el fin de poder identificarlos y evitar que lo dañaran a él y al rebaño bajo su cuidado.

"Ahora bien, ten en cuenta que en los últimos días

> *vendrán tiempos difíciles. La gente estará llena de egoísmo y avaricia; serán jactanciosos, arrogantes, blasfemos, desobedientes a los padres, ingratos, impíos, insensibles, implacables, calumniadores, libertinos, despiadados, enemigos de todo lo bueno, traicioneros, impetuosos, vanidosos y más amigos del placer que de Dios. Aparentarán ser devotos, pero su conducta desmentirá el poder de la devoción. ¡Con esa gente ni te metas!"*
> **2 Timoteo 3: 1-5**

Mientras me congregaba en esa iglesia que me había acogido junto a mi hijo, un día supe que había un hombre que estaba cumpliendo una condena en un centro de desvío para prisioneros con "buena conducta" y que la congregación le estaba ayudando en el aspecto financiero, ya que en poco tiempo saldría a la libre comunidad. Como buena "buscadora de amor y aceptación", sentí cierta curiosidad por él, pero algo me decía que ese era un terreno pantanoso que podría ponernos en riesgo. A pesar de que estaba extremadamente vulnerable, pensé que podía confiar en mi criterio. Se cumplió el tiempo de su sentencia y fue recibido por una santa mujer de la iglesia, quien le abrió las puertas de su casa como si fuera otro de sus hijos. El hombre estaba muy lejos de ser guapo, por lo que no pensaba que fuera una tentación para mí, pero parecía amar a Dios y ese detalle lo hacía atractivo para mí. Otra cosa que me llamaba la atención de él era la nitidez en su arreglo personal. Al principio mostraba una conducta que yo admiraba, pues ayudaba a la dueña de la casa con los quehaceres y se desbordaba en atenciones hacia ésta y los de su círculo. **(*idealización*)** Su historia de dolor, producto de una niñez de maltrato, me estrujaba el corazón. Y ciertamente, había sufrido, pero *se victimizaba*, aludiendo siempre al hecho de que su madre lo había abandonado cuando pequeño. El dolor que mostraba ante la pérdida de su padre y el abandono de su madre a sus dos años de edad, era conmovedor *(pitty play)* y así se ganó mi compasión y atención. Lo que lo hacía ver como una especie de héroe ante mis ojos era que a pesar de haber sufrido tanto, supuestamente había "dejado atrás" su vida delictiva y estaba en búsqueda de trabajo. Llegué a sentir gran admiración hacia él por "haber superado tanto". *(idealización)* Comenzó a atraerme su aparente pasión y entrega a Dios. Yo deseaba rehacer mi vida al lado de un hombre que amara a Dios y a nosotros. Ese detalle él lo captó de inmediato. Evidentemente él, con su astucia encubierta, pudo identificar mis carencias de afecto, mi situación económica y mi baja autoestima. Poco a poco fue trazando el plan de conquista y esperó con paciencia el día apropiado para lanzar el anzuelo. Mientras esperaba, era atento con mi niño; sabiendo que mi prioridad era él, supo cómo cautivarlo primero. Luego, se interesaba por que tuviéramos qué comer y después, comenzaron a llegar los detalles hacia mi persona. Era un bombardeo de amor *(love bombing)* abrumador. Así que el encantamiento ocurrió y quedé absoluta y ciegamente enamorada. En ese entonces, no podía ver las miles de banderas rojas *(red flags o señales de alerta)* que se mostraban por todos lados. Yo tenía el paradigma erróneo de que decir ser cristiano y pertenecer a una iglesia es suficiente para que una persona sea libre de sus adicciones, delitos y malos hábitos. Así que pensar que estaba camino al infierno no era una opción para mí y decidí ignorar todo lo que la razón me gritaba. Entonces, como una gran intrusa, la *indefensión aprendida* con la que me crié dijo presente.

> **Cuando una persona acude a Dios en busca de ayuda, Dios, complacido, hará por él todo cuanto éste le permita hacer. Dios no puede violentar la voluntad que le otorgó al hombre, ni siquiera con el fin de ayudarle.**

Estaba envuelta en un tornado de emociones extremas y de pronto, estaba ligada íntimamente a él. Para ese momento, él había perdido el control de su actuación y su doble vida había dejado de ser un secreto. Ya yo me encontraba atrapada en su red de mentiras. Estar con él era como estar con un ángel y al minuto siguiente, con el mismo diablo. Podía pasar del éxtasis a la catarsis en cuestión de segundos. Yo estaba perpleja ante mi nuevo fracaso, pero ya estaba ahí y no podía darme el lujo de permitirme otro divorcio. El momento en que descubrí que era violento, lo recuerdo como si fuera hoy. Ese era el *momentum* para liberarme, pero la esperanza de que cambiara, mi enorme orgullo, la vergüenza ante el qué dirán de la gente, el miedo a quedarme sola de nuevo y a tener que admitir mi error, eran aún más grandes que mis ganas de escapar. Su manipulación era enorme; yo ya estaba inhabilitada para tomar decisiones por mí misma; él las tomaba por mí. El *love bombing* iba y venía, a su conveniencia, al igual que él, pues cuando menos me lo

esperaba, se desaparecía durante días. Luego volvía sin disculpas ni explicaciones. *(ghosting)*
En menos de tres meses, recibí la noticia menos esperada y la más dura que podía recibir en ese momento: estaba embarazada. Recuerdo muy bien el momento en que lo supe; sentí que mi mundo se derrumbaba sobre mí, no a causa del bebé, sino por la vida tan desgraciada que estaba viviendo. Lo único que podía pensar en esos instantes era en qué ambiente se criaría mi bebé. La ansiedad y la desesperación que experimentaba en ese momento puso en riesgo la vida de la criatura y tuve síntomas de aborto. Pero Dios tenía otros planes con ella y la preservó en mi vientre. Él aparentaba estar eufórico por la noticia de que volvería a ser papá. Tan pronto se enteró, aseguró que sería una niña. Nos casamos y se mudó a vivir con nosotros. De pronto descubrí que, sin darme cuenta, había caído en un espiral que me succionaba hacia el abismo y me llevaba directo a la destrucción. Yo no tenía fuerzas ni voluntad para salir, así que pensaba: si ya mi vida es insoportable, ¿cómo podré enfrentar lo que me espera? ¿Cómo será la crianza de un bebé bajo estas circunstancias? ¿Cómo voy a cuidar de otro bebé, si apenas puedo cuidar de mí misma?
En medio de tanta conmoción, mi mente estaba aturdida, embotada. La depresión y la incertidumbre se apoderaban cada día más de mí. Pero a pesar de todo lo que estaba viviendo, no dejaba de asistir a la congregación en busca de apoyo y de una Palabra que me diera un poco de paz. Un día, luego de la reunión, se me acercó una joven, de la cual solo recuerdo la luz que irradiaba. De inmediato, y con un movimiento

casi imperceptible, colocó su mano sobre mi vientre. Lo que me dijo esa chica fue como un bálsamo derramado en mi corazón: "Lo que cargas en tu vientre no es un error, es una hermosa bendición y viene con propósito de parte de Dios". En ese momento, sentí cierto alivio y lloré mucho. Mi mayor preocupación en ese momento era ella, pero Dios me estaba diciendo que su concepción no había sido un error de cálculo, ni el fruto de un momento apasionado, ni siquiera el producto de una manipulación. Dios me estaba prometiendo cuidar de ella, porque sus planes eran usarla para sus propósitos. Dios tiene un plan perfecto con cada uno de nosotros y ni una hoja de un árbol se mueve, si Él en su soberanía no lo permite. Sus propósitos son misteriosos y lo que para nosotros puede parecer una conspiración para destruirnos, Él lo puede convertir en un maravilloso plan de bendición y a través de él mostrar su gloria.

> *"Los hijos son un regalo del Señor, son una recompensa de su parte."*
> **Salmos 127:3**

Para ese entonces, el infierno apenas comenzaba a manifestarse en mi casa. Pronto ese hombre comenzó a mostrar señales de un ser desquiciado, violento, manipulador, mentiroso compulsivo, vividor, infiel, ladrón, que me robaba todo, hasta el dinero de la comida. Continuamente huía al punto de drogas y sabe Dios a dónde más. Lo hacía durante días, para luego volver a refugiarse en mi casa. Ponía nuestra seguridad en riesgo, contrayendo deudas de drogas. Sin yo saberlo, guardaba armas de asalto en mi casa; lo sé, porque un día él mismo, en un arranque de cordura, me lo confesó. La lista de delitos contra nosotros es interminable. Pero eso no era todo; los golpes que recibía no eran solo emocionales, sino que también eran físicos. Luego, pedía perdón llorando y prometía cambiar, mientras juraba que me amaba. En ese momento, con la esperanza de un cambio, lo perdonaba y el ciclo se repetía una y otra vez. Cuando menos me lo esperaba, buscaba una razón para airarse, echarme la culpa de lo que fuera y salir huyendo de la casa, a consumir drogas y a delinquir. Yo vivía en una especie de encantamiento. Recuerdo que un día, cuando yo tenía unos dos meses de embarazo, estuve a punto de ser apuñalada por él en el vientre. A pesar de la realidad de lo que estaba viviendo, él se encargaba de alguna manera de que yo dudara de mi criterio y de mi cordura. **(gas lighting)** Se inventaba toda clase de situaciones sorprendentes e increíbles, al punto de que muchas de ellas las catalogaba como milagros, todo para justificar sus escapadas al punto de drogas, a sus juergas y a sus infidelidades. Menospreciaba mis iniciativas, alegando, por ejemplo, que yo no limpiaba la casa y que él tenía siempre que hacerlo, o insinuaba que yo era mediocre en lo que hacía. **(devaluación)** En repetidas ocasiones se desaparecía durante todo el día y cuando llegaba en la tarde, alegaba que había estado en algún lugar "evangelizando" a una amiga que había conocido. **(triangulación)** Su cinismo era descomunal. Como proveedor, era nulo. Cuando trabajaba, no aportaba para los gastos de la casa, así que yo era el soporte económico. Jamás aportó un centavo para la crianza de su hija, pero él siempre estaba de punta en blanco. **(estilo de vida parasitario)**

Estaba a punto de dar a luz y en busca de un cambio de ambiente para él y con el deseo de estar cerca de mi familia, decidí solicitar un traslado de mi trabajo para mi pueblo natal, Guayanilla. Cuando mi niña tenía dos meses de nacida, realicé la mudanza, esperanzada en que el cambio de ambiente obrara milagrosamente en su conducta y en mi desastrosa vida. Obviamente, ni el cambio de ambiente ni el poner distancia solucionaron el problema. Hay un refrán que dice: "el problema no está en la frisa". ¡Exacto! ¿Cómo podía pensar que con mudarme se solucionaría todo, si yo dormía con el problema? El problema me perseguía, me poseía, me drenaba, me robaba, me usaba, me atormentaba. No puedo recordar cuántas veces me le enfrenté intentando evitar que me siguiera robando y yo terminaba golpeada del cuerpo y del alma. La casa donde vivíamos guardó como evidencia durante años un hueco en la pared de la cocina, que tenía la forma de mi cabeza. Recuerdo con terror las tres veces que literalmente le quité el lazo del cuello, para evitar que se "quitara la vida". Lo que ahora me parece raro es que nunca lo hizo estando solo; siempre lo hacía estando yo presente, lo suficientemente cerca como para que lo presenciara. No conforme con eso, dejaba en lugares visibles un lazo hecho con alambres de púas, sólo para que yo lo encontrara. Como si todo eso fuera poco, un día llegó a fingir haberse ahorcado, subiéndose a la copa de un árbol, y dejando sus piernas colgando visibles. Ese día casi sufro un infarto. **(tortura mental)** Aún con todo ésto, como mencioné al principio de mi relato, apenas estaba a las puertas del infierno. Un día de esos en los que todo se tornaba peor aún, tomó un arma blanca para atacarme. Recuerdo que sentí una fuerza sobrenatural que se apoderó de mí y con un movimiento certero, en microsegundos, le arrebaté el cuchillo. Ahora pienso que esa fuerza era el mismo Dios actuando a través de mí. Una noche, cuando mi niña tenía unos seis meses de edad, habíamos tenido una reunión de la iglesia en la casa y habíamos servido algunos entremeses. Acabando de retirarse los invitados, él reclamó su parte, a lo que yo respondí que se habían terminado. En ese momento, como si estuviera poseído, se abalanzó sobre mí y comenzó a ahorcarme. En cuestión de segundos, por mi mente pasó la película de mi vida. Con la poca voz que me salía, pude pedir ayuda y un vecino llamó a la policía. Mi niño intentó separarlo de mí, pero terminó siendo agredido también. Mi madre oyó mis gritos y entró al cuarto, encontrándose con la escena. En esos meses yo había traído a mis padres a vivir conmigo, debido a que mi padre había sufrido un derrame cerebral y estaba en recuperación. Esa noche él, desquiciado y amenazante, salió de nuestra casa hacia la cárcel.

Lo que viví durante los siguientes meses fue una real zozobra. A pesar de que él no estaba físicamente, seguía ahí, en mi pensamiento, torturándome. Lo que según el oficial de la policía resultaría en varios años en prisión, se redujo a seis meses de encarcelamiento mientras se comportaba, irónicamente, de forma ejemplar. El día en que se leyó la sentencia, sentí que se me rió en la cara. El cielo se me juntó con la tierra y sentía que no habría un lugar en el cual mis hijos y yo pudiéramos estar seguros. Al menos, mi niño contaba con la protección de su padre, quien siempre estuvo presente en su vida. Inexplicablemente, él no apareció por ninguna parte. **(descarte)** Con el tiempo supe que no se presentó porque ya tenía otro **suministro** o alguien más que le agrandara su sentido de grandiosidad.

Me divorcié y continué arrastrando mi devastada vida, sobreviviendo, un día a la vez. El hueco que desde niña traía en el corazón, sin darme cuenta, se convirtió en un cráter sin fondo. Mi proceder de ahí en adelante fue como si me hubieran adormecido el alma, a la vez que sentía mil cuchillos clavarse en mi ser, de continuo. (*alexitimia*) En mi mente todo era confuso, contradictorio. Estaba embotada, no lograba entender qué me había pasado; la gente que me rodeaba, tampoco lo entendía. Sentía vergüenza, rabia, mucha rabia, impotencia, miedo del futuro, de lo que sería de mí y de mis niños. Sentía que no era capaz de darles una vida decente. Me sentía indigna de ser feliz y de ser amada. Intrínsecamente sentía que merecía lo que me había sucedido.

Poco tiempo después, alguien me invitó a una iglesia ubicada en Yauco, un pueblo cercano a donde yo vivía y comencé a servir allí. Yo estaba ávida por experimentar algo diferente en mi vida y por dejar el pasado atrás. Cuando llegué a esa iglesia, sentí que lo que veía se parecía mucho a ese Evangelio que yo había imaginado durante mucho tiempo. El día que llegué a ese lugar, desde afuera, escuché una voz femenina cantar de manera tan potente, pero dulce y armoniosa. Esa voz que me cautivó era la pastora dirigiendo las alabanzas. Los cánticos eran diferentes, la gente me miraba diferente y alguien me recibió en la puerta con un abrazo y un beso. Eso fue algo que nunca había experimentado en ninguna iglesia. Nunca olvidaré a una preciosa mujer de Dios que ahora está con el Señor, con cuánto amor nos recibió. Ese día se me acercó intentando ayudarme a calmar a "Mía", que rodaba por el suelo con sus episodios de ira. Ella fue muy compasiva y amorosa; jamás la olvidaré. Lo que recibí en aquel lugar fue como un vaso de agua refrescante a mi alma sedienta. Allí conocí a mucha gente que pasó a ser parte de mi vida. Los pastores se convirtieron en una especie de guardianes que velaban por nosotros. Allí dí mis primeros pasos en lo que en ese tiempo era el movimiento de *restauración*. De la mano de ellos, mis niños y yo pasamos siete hermosos años.

Una de las experiencias más bellas que viví en esa congregación fue conocer a quien con el tiempo se convirtió, más que en una amiga, en una hermana. Ella, amadora y fiel hija del Dios altísimo, por más de 20 años ha sido mi confidente y el hombro en el cual he llorado miles de veces. Es una de las personas más empáticas, compasivas y con más gracia que he conocido. Es buena hija, buena madre, buena abuela, fue buena esposa (demasiado diría yo), excelente profesional, muy amada y respetada por sus estudiantes y por toda persona a quien toca. Ella es la mejor amiga de todas sus amigas y le encanta agasajar a sus visitas con ricos banquetes. Ella es mi amiga - hermana Ada Ruiz Jiménez, a quien quiero honrar en este segmento. Gracias, hermana de mi corazón, por ser incondicional y por no juzgarme, a pesar de que conoces todo de mí. Ocupas un lugar muy especial en mi corazón y sé que en el del Padre, mucho más. Todo ser humano necesita contar en su vida con alguien como mi hermana Ada, alguien que tenga inteligencia emocional, espiritual y empatía, que le haga reír, que no le juzgue ante sus desafíos, que sepa indicarle el camino correcto cuando se está desviando y que levante sus manos cuando esté desanimado.

Volviendo al relato, en ese momento aún no sabía cómo entregar a Dios mi dolor. Seguía arrastrando mis cadenas de depresión, tratando de llenar mis vacíos con el "amor" de un hombre. En momentos como éste, en los que hago un inventario de mis muchos desaciertos amorosos, me identifico con la mujer samaritana. ¡Qué mucho nos parecemos ella y yo! Y la amo, porque ella, tan pronto descubrió la fuente que sacaría su sed, bebió de ella. Quisiera haber tenido la mitad de la valentía que tuvo ella y haberle confiado el corazón a mi Salvador el primer día que intentó sanarlo. Fueron tantas las veces que con su dulce voz me ofreció su amor y su abrazo sanador, pero mi corazón roto desconfiaba. Recuerdo la vez que se me apareció en sueños, como un padre de edad avanzada, ofreciéndome un hogar acogedor y hasta unas pantuflas calientitas en la entrada. En ese sueño yo deseaba con avidez aceptar su invitación, pero no me atreví a entrar en su casa. Mi autogestión era de puro rechazo porque sentía que Dios estaba enojado conmigo. Tal parece que el rechazo que sentía desde siempre, lo extrapolé al Padre Celestial. Sabía que Dios me amaba, pero ese era un concepto que mi mente no había podido asimilar.

Durante mi estadía en esa iglesia, conocí a un hombre con el cual me casé. A veces, mientras recuerdo aquel tiempo de oscuridad, reflexiono y digo que a todos mis procesos les he encontrado el "para qué", menos a éste. Mientras analizo lo que pasamos mis hijos y yo durante los tres años y medio que estuve en esa relación, puedo concluir que mi estado emocional era tan precario que pasó el límite de lo patológico. Esta etapa de mi vida es la que más tardé en perdonarme. De hecho, en muchas ocasiones me he encontrado reprochándome tal desacierto. El enojo que percibía de parte de Dios, solía canalizarlo autocastigándome emocionalmente. Hoy ya sé que Dios no está enojado conmigo, ni me busca con un látigo en la mano para castigarme; Él me ama inmensamente.

LA VENGANZA

Si ha leído mi historia desde el principio, habrá observado que durante el relato de la experiencia con el padre de mi hija, estuve resaltando con términos psicológicos los comportamientos narcisistas, psicopáticos y sociopáticos, presentes en su proceder. Todos los seres humanos tenemos ciertos rasgos narcisistas, pero cuando las personas traspasan los límites normales, debemos ser conscientes de que podríamos estar tratando con personajes realmente peligrosos. Dicho ésto, les cuento la segunda parte de mi historia de terror.
Poco tiempo había transcurrido desde que volví a quedarme sola y apareció nuevamente en el panorama el padre de mi hija. (*hoovering*) En esta ocasión utilizó como intermediaria a aquella buena mujer que le había ayudado durante la época en que nos conocimos. Ya

"Mía" tenía siete años y me había estado preguntando por su padre, pues por haber salido de nuestras vidas cuando ella apenas tenía seis meses de nacida, no lo conocía. Ella no tenía la menor idea de cómo era él realmente; siempre quise cuidar su corazón, por lo cual había decidido omitir los detalles. Se me informó que él había entrado a un centro de rehabilitación y que había generado cambios en su vida, con el fin de reencontrarse con su hija. Yo, a pesar de todas las penurias que había vivido con él, seguía tan vulnerable y codependiente como siete años atrás. La *amnesia perversa* se había apoderado de mí y comenzaba a tomar el control de mis emociones. La *amnesia perversa* es la tendencia que tienen las víctimas a olvidar las cosas malas y solamente recordar las buenas. Al llegar al lugar donde él estaba ingresado, "Mía" saltaba de alegría y yo experimentaba una mezcla de nerviosismo, temor y expectación por lo que me encontraría. Cuando lo ví nítido, bien vestido y "entregado a Dios", quedé nuevamente encantada. La emoción de ver a mi niña feliz por conocer a su padre, opacó los recuerdos de los años de miseria que habíamos vivido a causa de él. Desde ese momento, nos volvimos inseparables. Unos meses después él salió de aquél lugar y fue a vivir con nosotros. De inmediato comenzó a mostrar síntomas de *psicosis*, lo que volvió a robarnos la paz y la poca estabilidad que habíamos ganado. Pero yo, confundida, no podía darle un nombre a aquello. En menos de lo que me imaginé ya estaba encerrada nuevamente en su cárcel. Lo que al principio fue la alegría más grande que mi niña había experimentado en su vida, se convirtió en su peor pesadilla. Ella amaba a su padre y amaba el hecho de finalmente vernos juntos, y él lo sabía. Yo no me enteré de las cosas que comenzaron a suceder de ahí en adelante hasta años más tarde, pues él la tenía amenazada. El daño que yo recibí en los primeros años no se compara con el daño que recibió ella cuando él regresó. Parecía como si hubiera regresado para completar su misión de destruirnos.

Esta vez la tortura de vivir junto a nuestro verdugo, duró unos seis años. Cuando "Mía" cumplió sus 13 años, ya llevaba un año en **contacto cero** con su padre. Ella, muy valientemente, lo hizo mientras él todavía vivía bajo nuestro techo. Él no podía soportar que el objeto donde él descargaba su ira y frustración, lo ignorara (así es como ellos visualizan a sus víctimas). Ya ella había despertado y su amor por él se había transformado en odio y en una rabia contenida. Un día ella y yo estábamos dialogando en su cuarto sobre cómo ella se sentía. Él, nuevamente airado, entró por la fuerza al cuarto, reclamando respeto y agrediéndola físicamente. Esta vez no se encontró con una niñita pequeña ni frágil, sino que tuvo que enfrentarse a una fiera sin control, la cual lo igualaba en contextura física y en fuerza. Por primera vez ella, devolviéndole el golpe, ventiló todo el desprecio que sentía hacia él y mi corazón se acabó de romper. En ese momento experimenté un sentimiento de impotencia indescriptible. Yo me sentía inhabilitada para hacer algo por acabar con aquella pesadilla. Por un lado estaba mi niña siendo maltratada y por el otro estaba yo, casi inerte, siendo manipulada de la manera más vil. Pasaron unos días desde ese evento tan lamentable y un buen día, "Mía" me pidió que nos sentáramos a hablar. En ese momento, con una madurez magistral, me planteó todo lo que su padre nos estaba haciendo. Como si fuera un acto de magia, la venda que había en mis ojos, se cayó. Acto seguido, preparó una maleta y se fue a pasar un tiempo con mi hermana Elizabeth. Sabiendo que ella estaba a salvo, tuve un poco de tranquilidad para analizarlo todo y tomar la decisión. Unos días después él salió de mi casa escoltado por la policía. Mi distorsión de pensamientos y mi agotamiento era tan grande que ni siquiera tuve fuerzas para emprender un proceso legal. Dios, sabiendo lo vital que es el perdón en los procesos de sanidad, me llevó al perdón el mismo día en que él salió de mi casa.

Pero mi proceso no terminó con la salida de mi verdugo de mi casa. Según pasaban los días y los meses, comencé a extrañarlo, como cuando se vive un duelo. Claramente lo que estaba experimentando era el **síndrome de abstinencia,** tal como le sucede a los adictos a sustancias cuando no consumen su dosis de droga. Está probado que el **vínculo traumático** con el perpetrador produce en la víctima la secreción de una hormona adictiva, que la mantiene presa, inhabilitada para alejarse del agresor. Siempre que intentaba alejarme de él, experimentaba un tremendo vacío existencial, el cual me hacía sentir devastada. Entre idas y vueltas, subidas y bajadas, el proceso de sacarlo totalmente de mi vida duró unos tres años.

Lo que estoy contando parece ser sacado de una película de terror, producto de una fantasía, o de una tendencia masoquista, pero lastimosamente es la realidad que muchas víctimas de estos personajes viven. Las víctimas de personas con este tipo de trastorno, se enfrentan a mentes perversas, sin un ápice de sensibilidad ni empatía, extremadamente manipuladoras y maquiavélicas. Éstos sujetos, hábilmente buscan víctimas empáticas y vulnerables, como lo era en mi caso y el de la mayoría de sus víctimas. Solamente quien ha vivido los horrores que estas víctimas viven, puede entender el alcance de su maldad. En muchos casos, logran hacerle creer a la gente que la víctima está perdiendo la cordura y quien perpetra los malos tratos. (*proyección*) De hecho, al ser tan manipuladores y maquiavélicos, logran ganar la simpatía y la confianza de familiares y amigos de sus víctimas (***monos voladores***), como lo hizo con mi madre y con sus amistades, para quienes éramos la pareja perfecta y él, un supuesto "hombre bueno".

ESPEJISMOS EN EL DESIERTO

Lo que me llevó a un punto de inflexión no fue la historia que hasta el momento les he contado. Hubo un suceso que me rompió y volvió a dejarme en el suelo hecha trizas. Sin estar consciente de ello, el **trauma narcisista** seguía vigente en mí y de forma inevitable, por obra y gracia de Dios, desencadenó el principio del fin. Fue una noche de febrero de 2014 que estaba con mis amigas en la boda de unos amigos de la iglesia. Allí me presentaron a un hombre el cual, aunque las referencias que recibí de él fueron muy buenas, a primera vista no me impresionó. Esa noche buscó la manera de abordarme y terminamos conversando el resto de la noche. Aunque mi corazón estaba sangrando, yo estaba en buen peso y lucía hermosa, con mi traje nuevo y mis tacones altos. Quien no me conocía, no podía imaginar las heridas tan profundas que estaban abiertas en mi corazón. Esa noche estuvimos hablando de todo, pero su conversación se inclinó especialmente hacia los bienes materiales que poseía. En ese momento y como de costumbre, para mí las banderas rojas eran totalmente imperceptibles. Como, según las referencias, era un cristiano "bien portado", divorciado, con trabajo estable, agradable a la vista, de buena familia y con historial de conducta limpio, nos volvimos a ver. El *"love bombing"* no se hizo esperar y ocurrió el flechazo. Yo quedé nuevamente encantada, pero como a mí me pareció ser un modelo de hombre, no me importó. (*idealización*) Rápidamente abrí mi corazón, conocí a su madre y a sus mejores amigos. En poco tiempo me dijo que me amaba y que quería casarse conmigo. Sus muestras de afecto eran desproporcionadas para el corto tiempo que llevábamos conociéndonos. (**love bombing**) Durante esos días de ensueño pude ver una bandera roja enorme, la cual ignoré, porque no podía ser que "el hombre de mis sueños" fuera también un fraude. Para ese entonces yo llevaba ya mucho tiempo escribiendo y me ilusionaba mucho que conociera mi trabajo. Cuando se lo mostré, esperando una muestra de orgullo y apoyo, su respuesta fue: *"¿Eso lo escribiste tú?"* Para mi sorpresa, lo que se dibujó en su rostro fue un enorme desagrado, mezclado con un aire de envidia. (***devaluación***) Ese suceso y los comentarios despectivos que hacía acerca de algunas personas de su familia, fueron señales de alerta que yo no lograba detectar. ¡Me había enamorado de nuevo de un narcisista y ni siquiera podía imaginarlo! En vista de que nuestro plan era casarnos, yo entendía que debíamos comunicarnos. Pero para mi sorpresa, los últimos días de noviazgo, en los que se suponía que pasáramos tiempo juntos, él desapareció, cesaron las llamadas, los mensajes de texto y las reacciones por Facebook. (*ghosting*) Durante varios días hice hasta lo imposible por localizarlo, hasta que finalmente, mediante un mensaje de texto, terminó conmigo. Por supuesto, devastada, quise que me lo dijera en persona y sus palabras fueron un sable que me partió en dos. *"Cuando escribas tu libro, lo titularás <Espejismos en el desierto >"* dijo en tono sarcástico insinuando que lo que había pasado entre nosotros era sólo eso, un espejismo en el desierto. (*devaluación*) En ese momento se quitó la máscara y el aspecto de su rostro cambió. Esas palabras resonaron en mi alma como una carcajada burlona que dejó deshecha la ilusión que en mi mente me había creado. Aunque en varias ocasiones quiso reanudar la comunicación, esa fue la última vez que conversamos. Originalmente me preguntaba por qué ésto me había hecho tanto daño si se trataba de una relación tan breve. Creo que debió ser por el hecho de haber estado yo tan vulnerable y de haberse tratado de alguien que me había sembrado tantas expectativas, a la vez que encubría de manera tan experta su verdadero ser. Ahora puedo entender claramente que le había vuelto a entregar mi confianza y mi corazón a otro narcisista, uno muy encubierto.

Durante los dos meses siguientes pasé por la peor depresión de toda mi vida. En esos días toqué fondo como nunca pensé hacerlo. No quería estar viva, llegué a pensar en tomar algo que me provocara un largo sueño, con el fin de escapar brevemente de mi realidad (en verdad, sólo pensaba en dormir). Pero algo me decía que se trataba de una trampa y que no habría vuelta atrás. Cuando recuerdo cómo me sentía en esos momentos, en los que realmente pensaba que no me pasaría nada malo si me tomaba aquellas pastillas, pienso en los menos afortunados que yo, aquellos que han puesto en función su plan y no han sobrevivido para contarlo. Quizás ellos, al igual que yo, sólo querían aliviar su dolor. Eso me hace estar más agradecida de Dios cada día, por guardar mi vida de tantas formas y en tantas ocasiones.

> *"Aunque ande en valle de sombra de muerte,*
> *No temeré mal alguno, porque tú estarás conmigo;*
> *Tu vara y tu cayado me infundirán aliento."*
> *Salmos 23:4*

Ese día decidí detener mi precipitada caída haciendo lo que en mucho tiempo debí haber hecho. Estuve dos meses prácticamente encerrada en mi cuarto leyendo y hablando con Dios. Solamente salía de mi cuarto para realizar las tareas cotidianas más básicas y volvía a mi encierro. Esos dos meses fueron un tiempo de muchísima introspección, de aprender a ver cuánto valgo y de reenfocar mi mirada hacia la persona correcta. A pesar de que sentía tristeza, de lo más profundo de mi ser comenzaba a brotar una paz que no podía describir. Estaba sumergida en esa conversación con Dios y comenzaba a disfrutar el proceso. Sentía cómo el Padre me abrazaba con sus brazos cálidos y cada día iba añadiendo a mi ser pequeñas porciones de esa seguridad que tanto había deseado. Un día, mientras salía del supermercado, escuché en mi espíritu su inconfundible voz que me dijo: *"Te voy a honrar"*. Yo miré a todos lados, a pesar de que estaba segura de que esa voz no era externa, sino que venía desde mis adentros. Al instante indagué: ¿Eres tú, Padre? Pero, Señor, ¿quieres honrarme a mí, después de haberte fallado tanto? *"Te voy a honrar,"* lo escuché repetir. En ese punto no tenía la menor duda de que era Dios hablándome y mientras caminaba hacia mi carro, lloraba sin control. Ese día fue uno de esos en los que te sientes especial, porque tu Padre, a pesar de que puedes caminar, ha decidido cargarte en sus brazos, como si fueras una niña, simplemente porque te ama. Esas palabras cayeron en mi ser como un río refrescante que aliviaba mi sed. Cuando salí de mi encierro, había tomado una decisión: mi vida pertenecería al único a quien siempre debió pertenecer, a Dios. Aunque el proceso de sanidad interior apenas comenzaba, estaba decidida a mantener mi enfoque en Él. Había decidido que *ya no sería más una víctima.*

UN OASIS EN EL DESIERTO

Yo había descartado la opción del matrimonio y estaba enfocada en mejorar como persona. En esa búsqueda hice un inventario de los errores que todos mis fracasos tenían en común. Pude llegar a la conclusión de que en todas mis relaciones mi inclinación había sido fijarme en el mismo perfil de hombre. Finalmente entendí que de volver a enamorarme, tendría que ser cuidadosa y debía aprender a estudiar a las personas con cabeza fría, sin emociones a flor de piel, sin idealizaciones.

Un domingo, al terminar la reunión de la iglesia, se me acercó un caballero que hacía cerca de un año que era parte de la congregación. Tenía muy buenas referencias de él. De vez en cuando conversábamos y me gustaba hacerlo, por su forma tan respetuosa de ser, diría que a la antigua, algo poco usual en las personas de mi pasado. Me inspiraba confianza, y mostraba seriedad en sus asuntos personales y de trabajo. Los amigos en común lo amaban y hacían referencia a su humildad y forma de ser reservada. Pero lo más que me agradó fue que era genuino, tanto en las relaciones con los demás como con Dios. Esa tarde me pidió conocernos más. Él tenía intenciones de volver a casarse y consideraba que yo era la persona adecuada para él. Mientras, por sus mejillas rodaba una lágrima. Nunca podré olvidar ese momento, ya que, al ver su corazón abierto de par en par, también ví pureza en sus sentimientos y en sus intenciones. En ese momento, pude apreciar sus cualidades, sin dejar de ver sus defectos y eso me hizo pisar en tierra firme. Decidí darme la oportunidad y descubrí un amor serio, comprometido, fiel, de corazón noble, que ama a Dios, a mis hijos y a mí. Un año después nos casamos. No puedo decir que es perfecto, pero es real. Después de tantas decepciones y lágrimas a raudales, Dios trajo un buen hombre a mi vida. El día en que se hizo realidad nuestra unión, recordé las palabras de Dios cuando me dijo: ***"Te voy a honrar"***. Hoy puedo decir con orgullo y gratitud que Dios realmente me honró al traerme un hombre honorable, que me ama y me entiende, porque también se ha equivocado y también ha sufrido. Hoy puedo experimentar lo que es una relación de pareja cimentada sobre bases firmes, que me brinda estabilidad.

El amor no es mariposas en el estómago ni cuentos de princesas y príncipes azules. Amar es una decisión que se toma cada día basada en el compromiso y el respeto mutuo. El amor se trabaja día a día y se demuestra en los peores momentos. Entonces es cuando se fortalece, porque no está condicionado a las emociones, sino establecido sobre el compromiso de permanecer. Es saber que aunque el mundo entero estuviera en contra y nos quedáramos solos y sin nada, aún nos tendríamos el uno al otro para enfrentar al mundo juntos.

Mi esposo, sobre todo, es mi amigo; él me inspira siempre a perseguir mis sueños. Antes, el tener un hombre a mi lado era lo que me mantenía viva. Ahora he entendido que aunque no lo necesito para vivir, porque he aprendido a amarme, quiero estar a su lado. Estoy con él porque lo amo, amo lo que tenemos y lo que somos cada cual como individuo. Amo a la familia que él me dio, la cual ha pasado a ser también mi familia. A ambos nos apasiona servir y ayudar al necesitado y cuando estamos en esa función, es maravilloso lo que sentimos. Después de mis hijos, él es el regalo más increíble que Dios me dio. Ahora puedo decir con seguridad que ya no hay más *espejismos en el desierto*, porque nuestro hogar es el *oasis* que Dios tenía para mí.

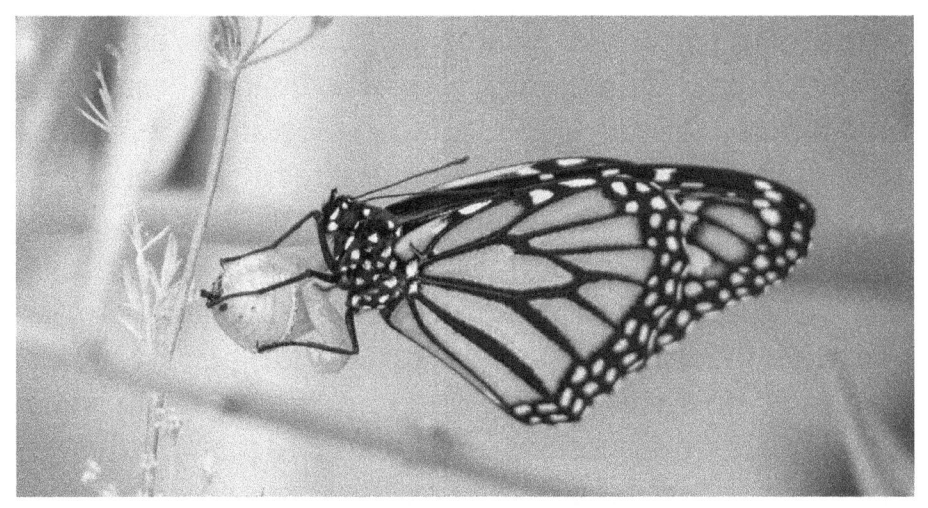

TRANSFORMACIÓN EN PROCESO

Según Benedict, 1946; Ghem y Scherer, 1988; Mead, 1937, la vergüenza es una emoción que se origina de la desaprobación de los demás y que precisa de la presencia real o imaginada de otros, mientras que la culpa es una emoción que surge de la propia desaprobación y no requiere de observadores externos.

Por mucho tiempo, la vergüenza y la culpa fueron parte de mi identidad y ni siquiera yo podía identificar ese hecho tan doloroso. Como me sucedió a mí, la mayoría de las personas que han vivido experiencias de maltrato a nivel traumático, hacen de la culpa y la vergüenza parte de su identidad y de su diario vivir. Debido a las secuelas, como puede ser el tomar decisiones de forma compulsiva e inconsecuente, muchos dejan de vivir, abandonan sus sueños, comienzan a menospreciarse y dejan de valorar el más mínimo logro alcanzado. Les cuesta hablar en público y exponerse a otras personas. Pueden desarrollar una timidez desproporcionada, que los anula y paraliza ante situaciones normales. Fijar límites a otras personas es prácticamente impensable para ellos. Esto los puede llevar a abandonar todo esfuerzo por luchar por algo, o por alguien, a desarrollarse como profesionales o en el campo laboral. Es como estar pasando por este plano terrenal "muertos en vida", como "zombis" sin valía, sintiéndose indignos de algún acto de bondad a su favor, sin poder identificar ni expresar sus emociones. Se sienten indignos de respeto y admiración. Aceptan ser maltratados porque piensan que eso es lo que merecen por haberse equivocado tanto. Esa fue mi experiencia, pero hoy puedo decir que todo eso puede cambiar. El cerebro es una máquina maravillosa que ha probado ser algo así como elástica, por lo que puede moldearse a nivel neuronal. Dicho de otra forma, nuestro ADN puede modificarse. Eso sí, ésto implica, primeramente, una toma de decisiones consciente y tenaz. Buscar ayuda profesional puede hacer una gran diferencia y acudir a Dios para entregarle nuestro dolor es fundamental e imprescindible. Estos tres aspectos son pilares que sostienen el proceso de sanación y transformación mental.

La culpa y la vergüenza nos alejan de Dios. Necesitamos entender que Dios quiere liberarnos de estas emociones autodestructivas, para que podamos abrirnos a recibir su amor sanador y disfrutar de su presencia. Dios quiere darnos su identidad, liberarnos de esa mentalidad de esclavos que desarrollamos a causa del maltrato, darnos autoridad de hijos, propósito y significado a nuestra vida. Dios nos ama con locura.

Mi proceso de transformación ha sido devastador para mi ego; he tenido que morir más de una vez y de muchas formas. El ego inflado como le llamo, aunque suene contradictorio, es producto de una autoestima muy baja, falta de amor propio y de creerse menos que nadie. Dios, como nos ama, permite que pasen cosas que nos llevan a querer soltar todo ese bagaje pesado que hemos arrastrado, que nos ata a ese ego enfermo y que nos impide desarrollar *resiliencia*.

En el 2018 fui contratada por una compañía que se dedica a administrar complejos de vivienda, con el fin de ejercer funciones de administradora de uno de los complejos de apartamentos que ellos administran, en el cual viven pacientes de salud mental. Yo no tenía idea de cómo funciona este tipo de negocio, pero acepté el trabajo porque, aparte de que necesitaba el dinero, me pareció ser mi sueño dorado a nivel laboral. Allí podría utilizar mis conocimientos inherentes a las áreas en las que me había capacitado (secretarial, trabajo social, capellanía, administración de oficinas). En ese momento en el que me pareció que se abría la puerta que yo esperaba, no visualizaba a lo que me enfrentaba. Para poder cubrir el puesto, tendría que hacer funcionar casi todas las áreas sin asistencia. No voy a mencionar todos los detalles de lo que ésto suponía; sólo diré que mi trabajo se convirtió en un desafío de grandes proporciones, en todas las áreas de mi vida. Pronto estaba siendo sometida a presiones enormes, tanto en la ejecución del trabajo, como en el área emocional y mental. Lo que me parecía peor es que, aunque deseaba hacerlo, no podía renunciar. Cada vez que pensaba en ello, algo (o Alguien) más grande y fuerte que yo me instaba a resistir y a quedarme. En ese aspecto, mi terquedad y mi orgullo me ayudaron, y mucho. Pero el estrés era tanto que mi salud comenzó a quebrarse. Hubo momentos en los que pensé que perdería la cordura. Pero Dios permanecía a mi lado firme, amoroso, sosteniéndome, cuidándome y guiándome. Debo decir que una de las maneras en que Dios cuidó de mí en ese empleo fue regalándome algunas buenas amigas, compañeras de trabajo, las cuales conservo y aprecio grandemente. Mientras atravesaba ese desierto, no cesaba de orar y buscar otro empleo. En lo profundo de mi ser esa voz amorosa me instaba a resistir, porque me estaba preparando para algo mayor.

A veces pienso que la manera de Dios hacer las cosas es un tanto contradictoria. Para Dios, dos por dos puede ser 100. Él no se limita a nuestra lógica; él hace lo que quiere, como quiere y cuando quiere, siempre para que su propósito eterno se cumpla. Desde mi lógica jamás hubiera pensado que sufrir tanto pudiera haber contribuido al ser que ahora soy, pero así fue. De ese empleo me llevé muchas satisfacciones, también muchas lecciones de vida, referentes a la gente y a las diferentes personalidades. Allí pude expandir mis conocimientos concernientes al área de salud mental, algo a lo que realmente le temía. A pesar de haber sufrido tanto, puedo decir que fue una experiencia enriquecedora, que me abrió puertas al mundo laboral, no solamente como empleada, sino como profesional.

Esta experiencia aumentó mi *resiliencia* de manera sorprendente.

La llave que abrió mi cárcel mental

Nací con una herida y ésta, en combinación con las mentiras que creí acerca de mí, formaron en mí una personalidad insegura, complaciente y autodestructiva. Dios tuvo que permitirme vivir experiencias que servirían para aniquilar mis resistencias, con el fin de poder trabajar con las heridas de mi ser interior. Una de esas experiencias fue la oportunidad de conocer a algunas personas claves. Entre esas personas, hay una mujer, llena de sabiduría, la cual se crió con las mismas carencias que yo. Cuando ví de dónde proviene su resiliencia, le pedí tener una conversación con ella. Al igual que yo, ella había tenido una vida dura. No recuerdo el 90% de la conversación, pero sí recuerdo unas palabras que marcaron mi vida para siempre. Esas palabras se convirtieron para mí en *la llave que abrió mi cárcel mental* y me haría libre de aquellas mentiras que habían regido los patrones de pensamientos que me habían torturado durante toda mi vida. Esa es la misma llave que comparto con las personas que están prisioneras en sus cárceles mentales. Sus palabras fueron pocas, pero muy certeras: **"Necesitas aprender a sustituir las mentiras que te dijeron acerca de tí, por las verdades que Dios dice acerca de tí".** De inmediato hice el ejercicio y comencé a practicarlo: *"Débora, no eres insignificante ni inferior a nadie, no eres fea ni inservible; eres muy valiosa, eres hermosa, eres talentosa, eres fuerte, eres luchadora, eres resiliente."* Tan pronto comencé a ejercitar mi fe en torno a las verdades de Dios sobre mí, comencé a sentirme libre. Ha sido un proceso progresivo, pero la libertad que hoy siento, nunca la había experimentado. Es como un manantial que fluye por mi ser, que me refresca y que me hace ver la vida, al mundo y a las personas, de manera diferente.

Al pensar en cómo fue mi vida y en cómo es ahora, no puedo evitar recordar a la mujer samaritana (Juan 4: 7-24). Ella es una de las mujeres de la Biblia a las que más admiro. Ella vivía buscando aprobación y aceptación en el "amor" de los hombres. Como se acostumbraba en aquella cultura, desde muy pequeña, le habían enseñado a no ser nadie, le decían que valía menos que un perro, y que su valor y su propia vida dependían de la presencia y la protección de un hombre. Seguramente durante su niñez solo fue reforzada su falta de valor y la obligación que había traído desde el vientre de vivir en servidumbre. A esas alturas de su vida, ella era solo un objeto de placer y una máquina de trabajo, al servicio de los hombres que prevalecían en aquella sociedad. Se había convertido en una mujer de dudosa reputación, dentro de una sociedad donde hombres y mujeres eran extremadamente machistas. Una vida sin un norte claro, solitaria, llena de inseguridades por la falta de empatía en la que se había levantado y para colmo, sintiéndose usada y no amada, buscaba seguridad de la única manera que conocía: en los hombres. En esa sociedad estaba prohibido que una mujer se encontrara a solas con un hombre que no fuera su esposo. Así que las mujeres iban todas juntas de mañana al pozo a buscar agua. Ella, en busca de solaz, lejos de los comentarios ofensivos de las mujeres que la consideraban inferior a ellas, decidió realizar la tarea sola, en el momento en que no podría encontrarse con nadie en el pozo. Esa tarde, según lo acostumbrado, fue al pozo *cargando su cántaro*, en espera de tomar el agua necesaria, para luego volver a su casa sola, *con su cántaro a cuestas*. Ella tenía sed, mucha sed. Tenía sed de amor verdadero, de respeto, de dignidad, de aceptación y de validación. Pero el agua que ella buscaba todas las tardes en aquel pozo no podía saciar su sed. Ella estaba a punto de vivir una experiencia que marcaría un antes y un después en su vida. Aquella tarde en el pozo se encontró con un hombre, pero no con un hombre cualquiera. ¡Aquél hombre la conocía! Los hombres que la habían conocido, sólo habían tenido acceso a su cuerpo, pero éste, ¡ah! Él conocía lo más íntimo de su ser. Él conocía su pasado, su dolor, sus carencias, su vergüenza, sus temores y su corazón dolido y sangrante. Él sabía que mientras ella iba a aquel monte sola, aprovechaba su soledad para adorar al Dios del que había oído hablar desde pequeña, pero sin conocerlo. Esa inolvidable tarde, ella conoció al Dios al cual adoraba en aquel monte. Pero lo menos que ella esperaba era que ese Dios se le presentaría como hombre. Tampoco ella esperaba que Éste le diera una agua viva e inagotable, que saciaría su sed de amor, aceptación y validación de una vez y por todas. En ese instante, ella experimentó gozo. Tan grande fue el gozo y la saciedad que experimentó que, *dejando su cántaro atrás*, corrió al pueblo a contarles a todos sobre su encuentro y transformación. Aquella tarde toda Samaria supo que el Cristo esperado estaba entre ellos, y creyeron en Él. Aquella mujer, con la cual me identifico tanto, había vivido toda la vida creyendo las mentiras que le dijeron desde su nacimiento. Tanto creyó en ellas, que las hizo parte de su identidad, convirtiéndose en algo que ella no era. Pero aquel día se encontró con su Creador, nada más ni nada menos que El que la había diseñado desde antes de su nacimiento. Él la había creado para ser una mujer digna de respeto, de validación, de ser amada y de estar al mismo nivel de dignidad que el resto del mundo. Ella sólo necesitaba encontrarse con Él para escuchar de su boca quién verdaderamente era ella y el propósito para el cual había sido creada. Ella necesitaba encontrarse con el Autor de su vida para recibir de Él el suministro eterno que la catapultaría a otro nivel de vida, una vida que fluye y jamás se agota, una vida llena de propósito y de paz. En este momento, mientras escribo sobre esta mujer, puedo transportarme a aquellas montañas por donde ella transitaba y me siento como ella, agradecida.

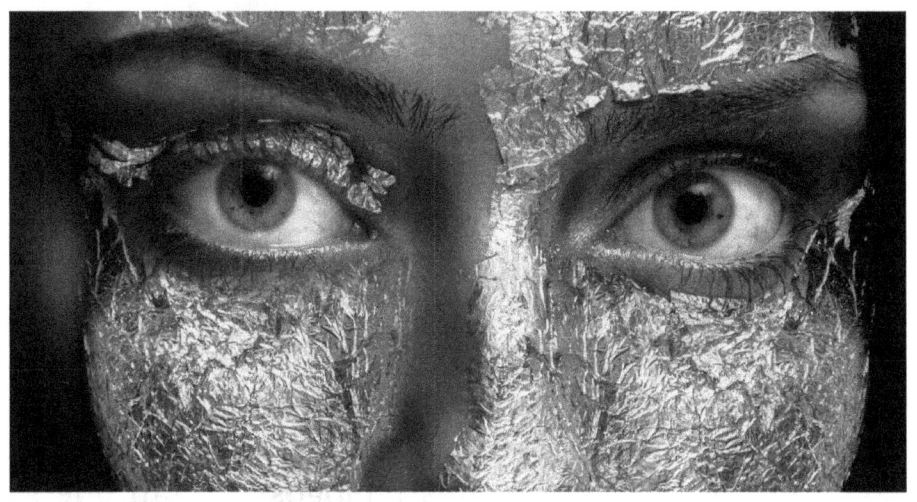

DE VÍCTIMA A RESILIENTE

Admitir nuestras debilidades y traumas no es señal de debilidad, sino de fuerza interior. Ese podría ser el principio de nuestra sanación. Hay que ser muy valientes para dar el primer paso, y qué bueno, porque de los cobardes no se ha escrito nada. El mayor acto de valentía y resiliencia es aprender a depender de Aquél que conoce todo de nosotros y que, a pesar de eso, nos ama como nadie. Esa es la clave de mi resiliencia.

"Mi gracia es todo lo que necesitas"
El apóstol Pablo fue un experto en la ley, conocedor y practicante incuestionable de ella. Era tan radical en sus creencias que se dedicó en cuerpo y alma a perseguir a los seguidores de Jesús hasta matarlos. Un día iba rumbo a Damasco para arrestar y eliminar a "los del camino", pero se encontró con Jesús. Desde ese día su vida cambió

radicalmente y para siempre. Ese día pasó de ser el seguidor más violento de los cristianos, al defensor más radical del Evangelio de Jesucristo. En uno de sus escritos, él narra que para evitar que se enorgulleciera, Dios le envió "un aguijón" a su carne. Cuenta Pablo que le pidió a Dios tres veces que lo liberara de su quebranto: *"Y me ha dicho: Bástate mi gracia; porque mi poder se perfecciona en tu debilidad"* 2 Corintios 12:9 a (énfasis añadido). Esa fue la respuesta por parte de Dios a su oración. Aunque la Biblia no especifica cuál era el "aguijón" de Pablo y algunos teólogos piensan que se trataba de una enfermedad en sus ojos, yo me lo imagino luchando con los recuerdos de las matanzas donde había exterminado en el pasado a los que sin saber serían sus hermanos en la fe. Imagino que, a pesar de ser un hombre prominente y respetado en su época, en sus momentos de reflexión lamentaba lo que había hecho. Sólo Dios sabe si sus recuerdos eran motivo de depresión, vergüenza y culpas sin resolver. Imagino que Pablo pensó que era justo ser libre de aquel lastre que lo atormentaba, pero la respuesta de Dios fue NO. Dios no desperdicia nada, así que con su respuesta le hizo entrega de una poderosa herramienta. *"Pablo, deja que mi gracia sea suficiente para tí, porque cuando reconoces que eres débil y que dependes sólo de mí, entonces me dejas espacio para yo mostrar mi poder a través de tí"*. Ese día Pablo cambió su oración y comenzó a alardear de su debilidad. *"Por tanto, de buena gana me gloriaré más bien en mis debilidades, para que repose sobre mí el poder de Cristo"*. 2 Corintios 12:9 b (énfasis añadido) Nuestras debilidades son un regalo de Dios para que aprendamos a ser humildes. Sé de personas que han sido sometidas a experiencias vergonzosas y obviamente, en el momento no han entendido el para qué tuvieron que ser expuestos tan vergonzosamente. Más adelante han entendido que era necesario para que su orgullo fuera quebrantado. Yo, sin darme cuenta, como un mecanismo de defensa, me convertí en una persona muy orgullosa. Dios, porque me ama, tuvo que utilizar experiencias de dolor y vergüenza para moldearme a su modo. Más de una vez le pedí a Dios que me liberara de esas debilidades que me hacen mantenerme con los pies en la tierra y Dios me ha contestado igual que a Pablo: *"Bástate mi gracia, porque mi poder se perfecciona en tu debilidad."*

Creo que la cosa más honesta que he hecho en toda mi vida es aceptar que una de mis más grandes debilidades es haber sido una adicta. Cuando hablamos de adicciones podemos pensar en drogas, alcohol, comida, juegos, pornografía o compras. Pero hay adicciones que son mil veces más difíciles de superar, porque no tienen que ver con el consumo de cosas externas. Estas adicciones tienen que ver con la necesidad de cosas intangibles, como lo es el amor, la aprobación, la aceptación, la atención y las palabras de afirmación de otras personas. Y aquí estoy yo admitiendo que a través de toda mi vida, esa ha sido mi mayor lucha. A menudo lucho con ese sentimiento de pequeñez, de falta de aceptación y de aprobación por parte de personas importantes en mi vida. Todos los días, en mis conversaciones con Dios, le pido que me libere de ese fantasma. Todos los días me repito a mí misma que no tengo necesidad de recibir aprobación de las personas para ser valiosa... y todos los días me parece escuchar la voz de Dios decir: *"Bástate mi gracia..."* recordándome que mi valía no está determinada por la opinión de las personas a mi alrededor. En cambio, mi valor lo afirma Dios cada día al mostrarme su amor incondicional y su gracia que me hace depender de Él. Mi valor lo determinó Él cuando en su mente me creó para luego depositarme en el vientre de mi madre. Mi valor lo ratificó Jesús con su muerte en la cruz y posterior resurrección. Cuando acepto en mi corazón que mi valor viene de Dios, colaboro con Él en la formación de la nueva yo, a través de la transformación de mis pensamientos y de mi carácter. Dios provee toda la aprobación que cualquier ser precisa, y la libertad se obtiene a través de Él. ¡Dios proporciona toda la seguridad que necesitamos!

Hoy miro hacia atrás y cada día veo cómo va desapareciendo aquella muchacha tímida, solitaria, insegura, agobiada por un lastimoso sentido de horfandad y de rechazo. Hoy puedo ver todo lo que tengo, sobre todo lo intangible, y puedo decir: En verdad, Dios es capaz de tomar lo inservible y convertirlo en algo muy valioso. De aquella mujer hecha pedazos, solamente queda el nombre y un cúmulo de experiencias enriquecedoras que hicieron de mí un ser **resiliente**. No puedo decir que soy una pieza terminada, pero sí puedo afirmar con confianza que cada día mi resiliencia se fortalece un poco más, dejando aflorar a la nueva Débora, esa que Dios visualizó desde la eternidad dando pasos firmes construyéndose un futuro hermoso y acompañando a otras chicas en la construcción de su resiliencia.

Resiliencia es la capacidad que tenemos las personas para superar la adversidad o dificultades de la vida, como una tragedia, amenaza o fuentes de tensión significativas, como lo son los problemas familiares o de relaciones personales, problemas serios de salud y situaciones del trabajo o financieras. Es convertir ese dolor en aprendizaje. Significa "rebotar" de una experiencia difícil como si fuera una bola o un resorte.
Nuestros recursos en el presente tienen que ver mucho con nuestro pasado. Lo que somos es, en parte, el resultado de lo que hemos vivido. En este sentido, en nuestra capacidad de resiliencia influye mucho cómo nos han enseñado a afrontar las dificultades, cómo hemos visto que nuestras figuras de referencia lo hacían y sin duda, cómo han sido nuestros vínculos primarios. Éstos son los vínculos que establecemos con las figuras de cuidado que tenemos durante la niñez. En función de cómo hayan sido estas relaciones y de cómo nos hayan cuidado y atendido nuestras necesidades, desarrollamos diferentes tipos de apego. Cada estilo de apego tiene diferentes formas de afrontar las dificultades. En resumen, nuestra infancia y desarrollo influyen mucho en los recursos que tenemos como adultos para enfrentarnos a lo que vivimos. Contamos con una capacidad asombrosa de sobrevivir a las dificultades. La resiliencia es una capacidad que puede desarrollarse, no algo que se tiene.
En este mundo hostil y de constantes cambios, ser resiliente no es opcional, es necesario. La resiliencia es un proceso natural en los seres humanos que no se

dejan aplastar. Es el resultado de sacar fuerzas de donde no las hay. Es aprovechar siempre ese último respiro y decir: "yo puedo; si lo hice ayer, lo volveré a hacer hoy". Es esa conciencia de que hay alguien mucho más grande que tú y que tus circunstancias, alguien que te impulsa a seguir luchando por tí, por los tuyos y por lo que quieres alcanzar. Ser resiliente es no dejarte vencer por ese pensamiento de derrota que despierta contigo cada mañana, que quiere matar tus sueños y que te dice "no puedes, no tienes, no lo vas a lograr".

La resiliencia se asemeja al proceso de purificación del oro. Éste, cuando es extraído de la mina, es un pedazo de metal negro, sucio y sin ningún atractivo. No obstante, su valor es real; está escondido detrás de toda esa mugre. El potencial metal precioso es llevado al lugar donde será procesado. Allí es sometido a temperaturas altísimas, y así es como comienza a desprenderse toda la impureza que mantiene escondida su belleza. Poco a poco, mientras más calor, menos impureza, hasta que el experto en metales puede ver su imagen reflejada en él. De la misma forma, los procesos de la vida de la mano de Dios nos van refinando al punto de transformarnos, de un pedazo de metal valioso pero sin atractivo, en una pieza única, brillante y hermosa, en la cual nuestro Creador puede reflejarse. Es por eso que ser resiliente no es una opción, es prácticamente obligatorio. Eres esa pieza de oro codiciada, valiosa, potencialmente brillante en la cual Dios quiere reflejar Su carácter. Nunca sabrás cuándo estarás listo, hasta que lo estés, así que nunca debes darte por vencido. El momento de brillar llegará cuando menos lo esperes y brillarás, como nunca pensaste que lo harías, con la luz que proviene del Creador. Llegará el momento en que no sentirás la urgencia de ser aprobado, o de que alguien te brinde la seguridad que necesitas. Llegará el momento, te lo garantizo, en que te sentirás capaz de ir tras tus sueños, de fijarte metas y de alcanzarlas, porque fue Él quien las depositó en tí. Llegará el momento en que sentirás paz y la bonanza será parte de tu contexto. Llegará el momento en que descubrirás que tu identidad no está en lo que otras personas puedan ofrecerte, ni en lo que posees, sino en el amor y la aceptación de Dios. Descubrirás que lo que Él te da es genuino, verdadero y eterno. Aprenderás a dormir en paz y a despertar tranquilo y con la certeza de que El que veló tus sueños, te cuidará a lo largo del día y por el resto de tu vida.

LA NUEVA DÉBORA

"Desde antes de crear el mundo Dios nos eligió, por medio de Cristo, para que fuéramos solo de él y viviéramos sin pecado. Dios nos amó tanto que decidió enviar a Jesucristo para adoptarnos como hijos suyos, pues así había pensado hacerlo desde un principio."
Efesios 1: 4-5

Como puedes ver, a pesar de haber nacido en la iglesia cristiana, haber tenido padres cristianos y haber participado de la vida y la cultura cristiana, la mayor parte de mi vida ha sido una verdadera montaña rusa emocional y un puñado de lo que yo podría describir como tragedias personales. Es evidente que nada de lo que aprendí en mi entorno primario sirvió para formar en mí una persona fuerte, que pudiera enfrentar las tormentas de la vida con valentía. Siempre, en cada embate que enfrentaba, me preguntaba por qué no podía salir del espiral oscuro en el que me encontraba, si había sido cristiana toda mi vida.

La formación del individuo envuelve factores como la crianza, los valores o la falta de ellos, la influencia del entorno en el que se cría, la posibilidad de un desbalance químico en el cerebro, el ADN, la adquisición de diversos paradigmas, entre otros aspectos determinantes, que seguramente no pude identificar o prestarles la debida atención en su momento. Está demostrado que los paradigmas que nos rigen provienen de verdades o de mentiras que pudimos escuchar durante los primeros cinco años de vida. El pastor Iván Iizarry, en su libro *"Identifica la voz de Dios"*, nos enseña que los seres humanos nos regimos por tres voces: la voz interna, la voz de Dios y la voz del enemigo. Él asegura que la mayoría de las personas tienen la capacidad de escucharlas y discernirlas. Basado en este dato tan importante, es vital aprender a identificar la procedencia de las voces que escuchamos, porque ellas nos guiarán hacia el éxito o hacia la derrota. Cuando podemos distinguir entre nuestra voz interna u otras voces externas y la voz de Dios, las posibilidades de que nuestras decisiones sean acertadas, aumentan. El consejo de Dios no se equivoca. Si deseamos caminar por la vida con seguridad, necesitamos aprender a buscar Su voz entre todas las demás para seguirla, así como las ovejas escuchan la voz de su pastor y la siguen. A eso yo le llamo ser exitoso. Muchas personas basan su éxito en adquirir cosas materiales o en conseguir títulos profesionales, pero son infelices, porque íntimamente están perdidos, sin norte, sin poder conectarse con nuestra fuente primaria, que es nuestro Creador. En lo personal, aún habiendo nacido en cuna cristiana, aprendí desde muy pequeña a ignorar la voz de Dios y a huir de ella. He podido entender que es muy probable que mi disonancia cognitiva se debiera a un contraste creado en mi mente entre la imagen perfecta del Padre Celestial y la imagen imperfecta de mis padres biológicos. Las palabras que muchas veces escuché de mis padres biológicos, eran mentiras que acuné en mi ser como verdaderas, puesto que provenían de la imagen más sagrada y cercana que tenía. De esa manera viví hasta que me reconcilié con mi Papá celestial. Durante ese proceso pude entender que nuestros padres terrenales, al igual que nosotros, pueden cometer errores, basados en mentiras que creyeron como verdades. Esa es la razón por la que es tan importante acudir al remedio infalible que lo cura todo: el amor y el perdón. Me tomó la mitad de mi vida entender que no todas las voces que escuchamos nos dicen la verdad y que pueden o no tener buenas intenciones, pero la única voz que es inequívoca es la voz de Dios. Así ha transcurrido mi proceso de sanación, el cual ha sido, como todo proceso, gradual, pero muy liberador. Al mirar hacia atrás, veo cómo mi ser se renueva cada día a través de esa conexión con el Padre por medio de Su Palabra y la oración.

"Y no se adapten a este mundo, sino transfórmense mediante la renovación de su mente, para que verifiquen cuál es la voluntad de Dios"
Romanos 12:2

Día a día, poco a poco, veo que, como el resiliente oro en proceso, dentro de mí se va forjando una nueva Débora y me gusta lo que veo. Poco a poco aprendo a amar a Dios sobre todas las cosas, a amarme, a aceptar mis debilidades y a no auto condenarme cuando me equivoco. Poco a poco aprendo a cultivar mi relación con Dios, quien es mi fuente de energía y mi más grande razón de vivir. Poco a poco aprendo a valorar mis logros y a celebrarlos, aunque nadie más lo haga. Poco a poco, día a día, trabajo en la recuperación de esa pureza que Dios depositó en mí cuando me creó. Poco a poco aprendo a no tener expectativas de las personas más allá de lo que voluntariamente pueden o quieren dar. Poco a poco aprendo a fijar límites en las relaciones. Poco a poco voy aprendiendo a encontrar paz y seguridad en la aprobación que sólo Dios me da, esa que es real, amorosa, detallista, sanadora. Poco a poco he ido saliendo del caparazón de "seguridad" que me protege de la gente que no me brinda su aprobación. Poco a poco aprendo a prestar atención a cosas pequeñas y sin aparente importancia, como el amanecer, el cántico del pajarito que se posa en la rama del árbol al lado de mi terraza, o el ladrido del perro que se coló en mi patio, como si estuviera en su propia casa. Poco a poco voy aprendiendo a despreocuparme por lo que no puedo cambiar y a enfocarme en cambiar lo que sí puedo cambiar, o sea, a mí misma. Poco a poco voy abandonando la idea de querer cambiar a las personas y aprendo a aceptarlas como son, con la conciencia de que sólo ellas pueden hacerlo, en colaboración con Dios a través de los procesos. Poco a poco aprendo a entender que todas tienen un propósito definido en nuestras vidas. Poco a poco dejo de verlas como mis verdugos y comienzo a verlas como instrumentos que de alguna manera hacen de mí una mujer resiliente y útil para el propósito por el cual estoy aquí. Poco a poco aprendo a ver la belleza en cada una de ellas, a amarlas y a verlas como Dios las ve.

El pasado no determina tu futuro; quien te dañó no determina tu identidad.
Tu futuro en Dios será mucho mejor que tu pasado.

Por mucho tiempo, la vergüenza y la culpa fueron parte de mi identidad. Hoy vivo agradecida de que finalmente entendí que el pasado no determina necesariamente nuestro futuro y que mis errores o el daño que otros pudieron hacerme, no determinan mi identidad. Mi identidad está basada en *quién soy* y eso lo determinó Dios al concebirme en su mente desde antes de la fundación del mundo. Sí, ya sé que quien me concibió fue mi madre. Pero antes de que mi embrión fuera implantado en el útero de mi madre, es más, antes de que mis padres se unieran y sus células se encontraran, antes de que ellos se conocieran, antes de que ellos nacieran, antes de que hubiera humanos sobre la tierra, Dios me había pensado minuciosamente y en su mente perfecta se había planificado en detalle mi nacimiento.

"Antes de que yo te formara en el vientre de tu madre, ya te conocía. Antes de que nacieras, ya te había elegido ..."
Jeremías 1:5

Tal vez puedas pensar lo mismo que por mucho tiempo yo también pensé: "Ésta se cree muy importante para pensar que Dios va a gastar su tiempo y su atención en ella". Pues déjame decirte que así es. Pero no solamente piensa en mí, sino también en tí. Cada ser humano sobre este planeta fue concebido minuciosa y amorosamente en la mente de Dios desde antes de la fundación del mundo. Dios se tomó su tiempo y todo su esmero para crearte en amor, pensando en el ser que serías. Él, a través del ADN, puso en tí detalles únicos y especiales que no compartes con ningún otro ser humano. Cosas que hoy la ciencia dice acerca de nuestra estructura, se encuentran en las Sagradas Escrituras hace más de 2000 años.

> *"Porque tú formaste mis entrañas; Tú me*
> *hiciste en el vientre de mi madre.*
> *Te alabaré; porque formidables, maravillosas*
> *son tus obras; Estoy maravillado, y mi alma*
> *lo sabe muy bien. No fue encubierto de tí mi*
> *cuerpo, bien que en oculto fui formado,*
> *Y entretejido en lo más profundo de la tierra.*
> *Mi embrión vieron tus ojos y en tu libro*
> *estaban escritas todas aquellas cosas*
> *que fueron luego formadas, sin faltar una de ellas." (ADN)*
> *Salmos 139:14-16*

Querida persona que me lees, puede que tengas una vida difícil, que hayas experimentado dolor, maltrato, abandono, menosprecio, carencias económicas, o que tal vez no se te hayan presentado las oportunidades que esperabas. Puede que todo ésto sea el fruto de haber escuchado la voz incorrecta, o de haber tenido un hogar disfuncional. Puede que tus vivencias provengan de la desgracia o de alguien que de alguna manera te haya dañado. Independientemente de cuál sea la procedencia de tu dolor, sé que hay una verdad que debes escuchar. Eres un ser único y especial para el Dios que te creó. Tanto te amó Dios que permitió que Su único Hijo viniera a la tierra como hombre y entregara su vida para que tú pudieras vivir eternamente.

> *"Porque de tal manera amó Dios al mundo que*
> *dio a su Hijo unigénito para que todo el que en Él*
> *crea, no se pierda, más tenga vida eterna."*
> *Juan 3:16*

Todos somos pecadores, así que necesitamos de Jesús para tener vida eterna, *"Por cuanto todos pecaron… están destituidos de la gloria de Dios". Romanos 3:23* (énfasis añadido)

Tal vez ésto te suene raro y sin sentido, pero esa es la verdad de la que nunca debes huir. Dios te creó por amor y depositó su naturaleza y su ADN en tí para que seas de Él por siempre. Las voces que has escuchado a través de tu vida te han alejado de Él y ahora no sabes cómo encontrar el camino. Pero no es tan complicado como parece y no hay mucho que debas hacer. Lo único que necesitas hacer es mirar a la cruz y creer en Él con todas tus fuerzas y con todo tu corazón.

> *"Ama al Señor tu Dios con todo tu corazón, con toda tu alma y con toda tu mente."*
> *Mateo 22:37*

Durante muchos años luché con mis propias fuerzas tratando de encontrar mi identidad en escenarios, atmósferas y personas equivocadas, pero siempre terminaba frustrada y devastada. Todo eso cambió cuando decidí entregarle a Dios mi voluntad para que Él pudiera transformarme. El proceso ha sido largo, de caídas y recaídas, pero cada vez me he levantado más fortalecida. Hoy puedo disfrutar de las bendiciones que Dios me ha dado. Él me bendijo con dos hijos maravillosos. Ellos fueron por muchos años los dos motores que me mantuvieron con vida. Digo que fueron, porque, aunque viven en mi corazón y en mis rodillas, ya son adultos e independientes. También Dios me bendijo con un nieto que vino a enseñarme lo que es el amor extendido de los hijos y me llena de orgullo. Cada día despierto con la bendición de despertar al lado de un esposo que, aunque no es perfecto, ama a Dios, ama a mis hijos y ama a la gente, factor suficientemente fuerte como para permanecer a su lado. Juntos pudimos construir nuestra casa, milagrosamente, durante la pandemia. Hoy puedo disfrutar de una familia extendida que es la familia de mi esposo, la cual me ha acogido como parte de ellos. Él y yo podemos disfrutar de una familia en la fe, la cual nos llena de alegría. Saber que tienes un grupo de apoyo al cual recurrir cuando nadie te entiende, y que esa relación es eterna, es una bendición enorme. En el aspecto espiritual, he aprendido a internalizar el amor de Dios y a hacerlo mío. He ganado madurez y firmeza para enfrentar cualquier circunstancia que se interponga en mi camino. He podido incursionar en áreas ministeriales que veía inalcanzables para mí, solo por la gracia de Dios. Cada día siento el llamado a servir a la gente y el hacerlo me llena de satisfacción. Después de muchos años en que quería escribir mi primer libro, Dios me dirigió al momento perfecto para comenzar. Pero lo más poderoso es que Él me dio el tema y hasta la primera línea, como señal de que Él estaría conmigo durante todo el proceso. Tengo que confesar que escribir este libro ha sido un gran reto, porque sabía que tendría que enfrentarme con mi pasado y por lo tanto, sabía que sería doloroso. Pero lo más impactante para mí es que desde el principio supe que al hacerlo, Dios iría sanando cada fibra de mi ser que aún estuviera herida... y así sucedió. Mientras escribía, sentía que todas mis heridas iban sanando. Quise contarte en detalle mi experiencia, porque Dios tiene una manera muy peculiar de trabajar con cada vida que se abandona en sus amorosas manos. No hay bendición más grande que saber que no importa cuál haya sido tu pecado o cuántos errores o pérdidas hayas tenido en tu vida, hay un Dios que nos ama y que está al pendiente de nosotros, esperando que le permitamos sanarnos, restaurarnos y darnos vida en abundancia. ¿Sabes? Si Dios lo hizo conmigo, lo puede hacer contigo; no hay imposibles para Él. Cuando rendimos nuestra voluntad a Dios, él es capaz de restaurar y ordenar nuestras vidas remontándonos a las alturas de su presencia, así como el águila, para despojarnos de todo ese bagaje viejo e inservible y darnos nuevas vestiduras, nuevas fuerzas y un nuevo norte en la vida.

Dios quiere que le permitas sanarte. Él quiere darte todo lo que tiene reservado para sus hijos. Solo debes reconocerte pecador, pedirle en humillación que te lave con su sangre vertida en la cruz y que entre en tu corazón, que te remonte como el águila a las alturas y renueve tu mente y corazón. El quiere vivir su vida a través de tí, que experimentes su inmenso amor y así como el precioso oro procesado, seas Su reflejo para glorificarlo a Él y para vivir la vida que Cristo conquistó para tí en la cruz.

"Dios ha creado todo y todo existe por él y para él.
¡A Dios sea el honor por toda la eternidad! Así sea."

Romanos 11:36

Espero que este libro haya bendecido tu vida y que pueda brindarte herramientas para trascender el maltrato y fortalecer tu resiliencia o simplemente para fortalecer tu relación con Dios y contigo mismo. Sea cual sea el caso, te invito a compartirlo con alguien que lo necesite.

Te bendigo y te deseo una vida renovada y feliz en Cristo.

Con amor,

Debora REYES

REFLEXIONES
#Abejaguerrera

El tiempo no pasa en vano

El tiempo no pasa en vano, a veces es implacable y siempre deja huellas profundas en nuestro ser. 15 años menos, pero no cambiaría quien soy ahora por nada de aquello. Es verdad que tengo el alma llena de profundas marcas de guerra, pero ellas me recuerdan lo resiliente que he sido de la mano de Dios.

1ro de septiembre de 2024

Vuela alto, águila

Llevas tiempo encerrada entre cuatro paredes.
Te preguntas ¿qué hago aquí?
Quieres salir, pero no sabes a dónde ir.
Quieres comer, pero nada te apetece.
Quieres hablar, pero no sabes con quién.
Quieres gritar, pero ya no tienes voz.
Lo único que hay en tu habitación es
un silencio ensordecedor.
Tu cuerpo no responde a la voz de tu corazón.
La luz que entra por la ventana te ciega.
No reconoces ni a la más conocida voz.
El cielo se nubla.
Las paredes se juntan.
Tu canto cesa y tu alegría se esfuma.
Tus ojos se cierran y su luz se apaga.
"Llegó el final, murió la esperanza,
ya no hay nada que buscar".
Es lo que grita tu alma ante tanta soledad.
¿Será que ya no le hablas al que todo lo escucha
¿Será que ya no apeteces sus ricos manjares?
¿Será que has reemplazado su presencia y su amor real
por una quimera que en un minuto pasará
Deja que tu voz sea escuchada en tu silencio.
Deja que Su amor te lleve a las alturas,
a ese lugar donde sólo Él y tú pueden estar.
Comienza a arrancar tus garras y tus plumas.

Golpéate contra la peña y deshazte de tu pico.
Porque en el silencio del más cruel dolor
aprenderás a depender de tu fiel Creador.
Y al pasar del tiempo en tu habitación
mirarás al espejo y con admiración
reconocerás a una hermosa y renovada águila
que con el pasar del tiempo envejeció
perdiendo la capacidad de hacer
lo mejor que sabe hacer.
Pero hoy puede alzar vuelo a las alturas
para alimentarse y extender su visión
aún más allá del horizonte
donde está su hogar, donde está su Dios
para poder emprender de Su mano su misión.

"...El que sacia de bien tu boca de modo que te rejuvenezcas como el águila." Salmos 103:5
"Levántate, resplandece; porque ha venido tu luz, y la gloria de Jehová ha nacido sobre ti."   Isaías 60:1

16 de mayo de 2016

Tienes el ADN de Dios

El caminar de la mujer siempre ha sido especialmente difícil, y aún así, a través de la historia muchas se han destacado al punto de inmortalizarse en las mentes de quienes fueron tocados por ellas. No es que hayan sido perfectas o que no hayan tenido luchas ni temor, es que fueron transformadas al encontrarse con su Creador.

Quiero regalarte esta historia que surge de la experiencia vivida por una de estas maravillosas mujeres: La mujer del flujo de sangre.

El enemigo siempre ha estado en guerra contra la mujer, porque conoce el depósito que ella carga. Una de las armas más potentes que utiliza para acallarla es trastocar su autoestima. Es por eso que a través de la historia la mujer ha sido tan maltratada de diversas formas. Un ejemplo de esto es la mujer del flujo de sangre (Marcos 5:24-34).

Esta mujer vivía bajo la ley y la cultura judía. Padecer esta enfermedad bajo aquel régimen implicaba ser desechada legalmente por el gobierno, la sociedad, la familia y su círculo de amistades. Durante esa época y bajo aquella cultura, la mujer, durante su período menstrual, era considerada inmunda y ésta no había parado de sangrar por 12 años corridos. La ley estipulaba que toda mujer con dicha condición debía aislarse de todos, y así vivía ella, aislada.

Esta mujer durante al menos 12 años no había podido abrazar a sus hijos, ni a su esposo; no había podido reunirse con sus amigas, ni tener contacto con sus padres, tampoco con el resto de la sociedad. ¿Imaginan cómo estaba su autoestima? Salía a la calle de incógnito y con su cabeza agachada, pues todos la consideraban inmunda. Sentía que su vida no tenía ningún valor, ya que el único rol que se le permitía desempeñar (el de madre y esposa), había quedado nulo ante la sentencia de los médicos.

La mujer de hoy, al menos acá, en el occidente, no está

expuesta a situaciones como ésta, pero sí a otras, las cuales de igual forma golpean su autoestima. Las huellas dejadas por el maltrato infantil, el maltrato conyugal, la pobreza, el divorcio y el silente rechazo social que éste acarrea, la crianza de los hijos sola y sin recursos, y muchas otras problemáticas son suficientes para minar la autoestima de la mujer más fuerte. A veces, el solo hecho de levantarse de la cama en la mañana y enfrentarse a un mundo cruel e inmisericorde, se convierte en un verdadero sacrificio. Siempre hay que dar la mejor cara y aparentar que todo está bien, aunque el mundo se esté derrumbando. Esta sociedad le exige a la mujer actual hacer hasta lo imposible con los pocos ingresos que entran y aun así darles todo a los hijos, mantenerse activa, en buena forma, ser una profesional exitosa y polifacética, tener y mantener una reputación impecable, y la lista sigue. Este es tiempo en el que la identidad de la mujer es determinada por lo que posee, no por quien es.

La mujer de nuestra historia se cansó de sentirse cansada y enferma y de vivir una vida sometida al juicio de la gente. Había agotado todos sus recursos, visitado todos los médicos a su alcance, y nada cambiaba. Un buen día oyó rumores de que Jesús pasaba cerca y analizó su situación: ya no tenía familia, dinero ni salud. Tratar de acercarse a Jesús en busca de sanidad, seguramente significaría recibir todo el peso del rechazo de la gente sobre ella, pero, ¿qué podía perder, si ya lo había perdido todo? Así que decidió jugar la última carta que le quedaba. Recordó que en lo más profundo de su ser todavía ardía una pequeñísima llama llamada fe y fue esa fe la que la llevó a tomar una decisión. Sabía que no podía tocar a nadie para no contagiarlo con su inmundicia, pero estaba segura de que "si tan sólo tocaba el borde de su manto, sería sana". De momento se encontró entre la multitud, arrastrándose en dirección a la última esperanza que le quedaba: el Jesús de Nazaret del que tantas veces había escuchado hablar, y al que nunca se había atrevido recurrir, por temor a ser rechazada. Mientras más avanzaba hacia Él, más fuerte latía su corazón, casi se le sale del pecho. Mientras, lágrimas de emoción y desesperación rodaban por su rostro. De pronto, El Maestro exclamó: "*¿Quién me ha tocado?*" La fe de ella había crecido tanto, que con un pequeño toque a su manto, le arrancó el tan anhelado milagro. Pero para su sorpresa, Jesús tenía para ella mucho más de lo que ella esperaba. Aquel día, en tan solo minutos fue restaurada de forma integral. No sólo la fuente de su sangre se detuvo, sino que recibió la salvación, la afirmación, la paz mental y el afecto que le faltó durante 12 largos años. *"Hija, tu fe te ha salvado; ve en paz"*, fueron las palabras de Jesús. Al llamarla "hija" le ofrecía afecto paternal y aceptación. Al decretar "tu fe te ha salvado" la liberó de la culpa del pecado y al decir "ve en paz", le otorgó salud mental y la paz que no tuvo en tanto tiempo, restituyendo su autoestima y otorgándole Su propia identidad.

¿Cuántas de nosotras necesitamos en este momento el mismo regalo que recibió la mujer del flujo de sangre en aquel maravilloso día? Nuestra vida cambiaría dramáticamente si entendiéramos que no necesitamos la aprobación de la gente para ser valiosas, que nuestro valor está en la identidad que proviene del Padre que nos creó. Al crearnos, Él depositó en nosotras su propio ADN, por cuanto nos creó a su imagen y semejanza. Poseemos un valor que sobrepasa el de todas las piedras preciosas. Teniendo conocimiento de esta gran verdad, podemos abrirnos paso entre la multitud, tocar el borde de su manto y recibir la sanidad integral de nuestro ser.

Amiga, en Dios eres completa; no necesitas la aceptación de un hombre, ni de nadie más. Acepta la identidad que Dios te ofrece hoy, deja que te envuelva en sus brazos de amor y comienza a caminar con seguridad, porque caminando de su mano, aunque te caigas, no permanecerás en el suelo, porque Él estará ahí para levantarte.

Salmos 62:2

"Él solamente es mi roca y mi salvación; es mi refugio, no resbalaré mucho."

31 de marzo de 2016

EPÍLOGO

Cuando la conocí ví su corazón reflejado en sus ojos, y me preguntaba de dónde provenía tanta tristeza. Al leer su reflexión "La mujer del flujo de sangre", pude entender cuánto se identificaba con ésta mujer; su corazón sangraba profusa y continuamente, al igual que ella. Con el tiempo descubrí en su llanto a una niña herida que intentaba ocultar su vergüenza y la culpa que embargaba su ser. Pero no fue hasta ahora, al mirar su vida a través de esta imagen y de su historia de dolor, plasmada en las líneas de este libro,

que veo el panorama completo de cómo fue su vida y veo también su capacidad de resiliencia. En esta emblemática imagen veo lo siguiente: el terreno seco y agrietado representa la atmósfera estéril en la que luchó durante tantos años por germinar. En el manantial que bordea el terreno está representado Dios, quien siempre, aunque casi imperceptible, está presente y queriendo entrar a nuestro corazón para sanarnos, pero por diversas razones, nosotros no le permitimos entrar ni fluir a nuestro favor. En la planta florecida que nace a través de una grieta del terreno árido, se asoma ella, renacida, frágil, pero fresca y erguida ante el sol. Ésta representa el poder de resiliencia que tiene ella y que tenemos todos. La planta marchita me hace pensar en el pasado que quedó atrás. El águila remontada también se me parece a ella, en su imponente actitud de resiliencia. Ella, el águila, luego de haber pasado cinco largos meses renovándose en la solitaria altura de una montaña, resurge con garras, plumaje y pico nuevos. Su nuevo plumaje reluce a la luz del sol. Sus garras y pico nuevos le facilitan la búsqueda de alimento. Ahora el águila, renovada y majestuosa, permanece impasible ante las inclemencias del tiempo, sin temor a lo que pueda surgir para amenazar su vida. Cinco meses también le tomó a mi amada plasmar en este libro sus vivencias y las riquezas que obtuvo de ellas, como si de un proceso de renovación se tratara. Las aves de rapiña que revolotean en el mismo cielo, pero a la distancia, intimidadas por el águila, representan los patrones de pensamientos generados por las mentiras que llegamos a acunar en nuestro ser como si fueran verdades... esas mismas mentiras que distorsionan nuestra identidad, llevándonos a vivir vidas que no nos corresponden, a riesgo de autodestruirnos. Esta imagen representa la vida y resurgir de mi amada. Puede parecer un lugar inhóspito, pero el Manantial que fluye en él, jamás se seca y le garantiza a la nueva plantita una vida inagotable y eterna. De esa manera, ella podrá permanecer mostrando con fuerza la belleza que adquirió de su Creador.

"Pues voy a hacer algo nuevo; ya brota, ¿no lo sentís? Abriré un camino en la estepa, pondré arroyos en el desierto"
Isaías 43:19 BLP

Manuel Montalvo
Esposo de la autora

GLOSARIO

alexitimia - Dificultad para identificar y comunicar sentimientos. El término alexitimia fue acuñado e introducido por Peter Sifneos en 1972, a partir de las raíces griegas: a (privativa, sin), lexis (lectura) y timos (afecto), o lo que es lo mismo sin palabras para expresar los afectos. Las personas que hemos sufrido los abusos psicológicos de una persona narcisista, tenemos incapacidad para identificar en nosotras mismas y en otros, el componente afectivo de las emociones, y por tanto incapacidad de expresarlas y demostrarlas genuinamente.

contacto cero- técnica que se utiliza para restringir todo tipo de comunicación con una persona cuyo vínculo se ha decidido a terminar. Esto implica restringir cualquier forma de interacción con dicha persona, incluidas las llamadas, los mensajes de texto, atender a sus redes sociales, comunicarse con amigos en común o terceros que nos den información sobre esa persona, compartir espacios y contextos, indagar sobre su presente, entre otras.

descarte- En la fase de descarte, el narcisista abandona a la víctima de manera abrupta y sin explicaciones. Puede haber un tratamiento de silencio, ausencia de cierre, y una clara demostración de falta de empatía y remordimientos.

devaluación- La devaluación narcisista es una estrategia común utilizada por personas con trastorno narcisista de la personalidad para manipular y controlar a sus víctimas. Este comportamiento dañino implica que el narcisista menosprecia a su víctima, a menudo mediante insultos, críticas y manipulación emocional.

distimia- La distimia es una forma de depresión más leve, pero de larga duración. También se la conoce como trastorno depresivo persistente.

estilo de vida parasitario- El denominado *parasitismo social* se refiere a pacientes que presentan una forma de vida pasiva y crónica a expensas de otros, tanto en su alimentación, vestimenta, vivienda, gastos personales, estando estas personas en capacidad física y cognitiva de hacerlo por ellos mismos, lo cual constituye una explotación de otros.

"gas lighting"- Patrón de abuso emocional en el que la víctima es manipulada para que llegue a dudar de su propia percepción, juicio o memoria.

"ghosting"- Desaparecer como un fantasma. El ghosting es una forma de agresión relacional en la que alguien cesa repentinamente toda comunicación y contacto con otra persona sin ninguna advertencia o explicación aparente e ignora cualquier intento posterior de comunicarse. El ghosting se usa a menudo para evitar conflictos, pero es fundamentalmente un movimiento destructivo, que desencadena sentimientos de confusión, angustia y humillación en la persona que recibe ese tratamiento.

idealización - Formar una idea o concepto de un objeto o persona en donde se exageran sus cualidades positivas y se tienden a obviar las negativas.

"hoovering"- Consiste en que una persona que previamente había herido o manipulado a otra intenta reinsertarse en la vida de esa persona con el objetivo de recuperar su control emocional. Es como si «aspiraran» a la víctima de nuevo, de ahí el nombre derivado de la marca de aspiradoras *Hoover*.

indefensión aprendida - La indefensión aprendida es un tecnicismo que se refiere a la condición de un ser humano o animal que ha "aprendido" a comportarse pasivamente, con la sensación subjetiva de no poder hacer nada y que no responde a pesar de que existen oportunidades reales de cambiar la situación adversa.

"love bombing" - La persona que la lleva a cabo, suele seducir a través de muestras de afecto muy profundas, abundantes y excesivas.

mecanismo de recompensa - castigo - El perpetrador brinda, de forma alterna, recompensas (muestras de afecto, regalos) y castigo (golpes, menosprecio), dependiendo de su objetivo. Ésta acción genera dependencia emocional, a través de la segregación de químicos cerebrales que promueven la adicción.

monos voladores- Los monos voladores, también conocidos como "apáticos" en términos más profesionales, son aquellos individuos que actúan como cómplices en el juego de los narcisistas, psicópatas y sociópatas. Su papel es esencial, ya que validan la versión del agresor y ejecutan sus órdenes sin que este último salga manchado.

narcisismo vulnerable - También conocido como narcisismo de piel fina, se caracteriza por un ego debilitado e internalizado.

narcisismo introvertido - Se caracteriza por buscar la atención de los demás adoptando un rol de víctima.

narcisista - El trastorno de personalidad narcisista se caracteriza por un patrón general de grandiosidad (grandeza), necesidad de adulación y falta de empatía.

"pitty play"- Una actitud que utiliza la persona maltratadora para distorsionar la verdadera historia, inspirar pena y mostrarse como la parte dañada y así culpar a la otra parte.

proyección - La proyección es un mecanismo de defensa por el que el sujeto atribuye a otras personas las propias virtudes o defectos, incluso sus carencias.

psicosis - Enfermedad mental caracterizada por delirios o alucinaciones, como la esquizofrenia o la paranoia.

síndrome de abstinencia- conjunto de reacciones tanto físicas como mentales que sufre una persona con adicción a una sustancia cuando deja de consumirla.

sociópata - El trastorno de la personalidad antisocial, a veces llamado sociopatía, es una enfermedad de la salud mental en la cual una persona no demuestra discernimiento entre el bien y el mal e ignora los derechos y sentimientos de los demás.

suministro o suministro narcisista- Lo que un narcisista obtiene de otras personas para reflejar, validar su máscara y evitar la vergüenza profundamente arraigada debajo de su grandiosidad. El suministro narcisista parece envalentonar al narcisista, al mismo tiempo que es perjudicial para su proveedor.

triangulación- La manipulación puede tener muchas caras diferentes, y una de ellas es la triangulación narcisista. Esto es lo que sucede cuando alguien se vale de una tercera persona para ejercer dominio sobre su víctima. Aunque muchos lo ignoran, es una situación que se presenta en muchas áreas de la vida, incluyendo las relaciones de pareja. En este caso, el manipulador introduce una tercera persona en la relación, sea de manera real o imaginaria, para hacer sentir a la víctima celos, intimidación o impotencia.

tortura mental- Existencia de un propósito concreto, sumada al hecho de infligir sufrimiento o dolor graves en forma intencional. Tratos crueles o inhumanos sin propósito concreto; se inflige un nivel considerable de sufrimiento o de dolor.

victimización - Podríamos decir que la victimización es el proceso por el que una persona se convierte en víctima. De forma general, se puede hablar de tres tipos de victimización diferente. La victimización primaria hace referencia a la ofensa en sí que ha sufrido la persona, desencadenada por un hecho delictivo.

vínculo traumático - El desarrollo y el curso de fuertes lazos emocionales entre personas en las que una persona acosa, amenaza, abusa o intimida intermitentemente a la otra

REFERENCIAS

(2021, octubre 29) Alexitimia, secuela del abuso narcisista En *Recuperación del abuso narcisista*
https://recuperaciondelabusonarcisista.com/alexitimia-secuela-del-abuso-narcisista/

Rodríguez Berga, Carolina, Santana Díaz, Tamara, Vega Cruz, Maat (2016, julio) *Culpa y vergüenza: análisis de las diferencias en sus antecedentes y consecuencias* En Página 5, inciso 1.
https://riull.ull.es/xmlui/bitstream/handle/915/2755/CULPA+Y+VERGUENZA+ANALISIS+DE+LAS+DIFERENCIAS+EN+SUS+ANTECEDENTES+Y+CONSECUENTES.pdf;jsessionid=0FAB19564992D08CB66AB613629DBFB9?sequence=1

El camino a la resiliencia En *American Psychological Association*
https://www.apa.org/topics/resilience/camino

(2023, 20 de mayo) El narcisismo del ghosting En *Psychology Today*
https://www.psychologytoday.com/pr/blog/el-narcisismo-del-ghosting

Irizarry, Iván, (2019) Identifica la voz de Dios, *Idónea Productions*, 2, 25-27

(2021, noviembre 9) Muchas gracias por todo este tiempo, es hora de un adiós En *Recuperación del abuso narcisista* https://recuperaciondelabusonarcisista.com/

Narcisismo en las iglesias - Narcisismo abierto y encubierto
https://lilanam.home.blog/category/narcisismo-en-las-iglesias/

¿Qué es lo peor que le puedes decir a un narcisista?
https://www.institutocarlrogers.org/lo-peor-que-le-puedes-decir-a-un-narcisista/#:~:text=Necesitan%20sentir%20admiraci%C3%B3n,en%20las%20que%20puedan%20destacar.

Qué es resiliencia, significado y definición En *Somos Estupendas*
https://somosestupendas.com/resiliencia/#h-que-es-resiliencia-significado-y-definicion

Sociópata: significado, síntomas y características
https://somosestupendas.com/sociopata/#h-significado-de-sociopata

(2020, septiembre 23) 28 secuelas del abuso narcisista En *Recuperación del abuso narcisista*
https://recuperaciondelabusonarcisista.com/28-secuelas-del-abuso-narcisista/

www.ingramcontent.com/pod-product-compliance
Lightning Source LLC
Chambersburg PA
CBHW071715040426
42446CB00011B/2075